J. J. Plisk

Die Willkürlichkeit des Daseins

Lyrik

*kleine Gedicht-
und
Parabelsammlung*

Impressum

Covergestaltung und Digitalisierung: J. J. Plisk

http://www.janplisk.de
j.j.plisk@web.de

Dieses Buch ist auch als E-Book erhältlich.

Bibliografische Information
der Deutschen Nationalbibliothek:
Die Deutsche Nationalbibliothek verzeichnet diese
Publikation in der Deutschen Nationalbibliografie;
detaillierte bibliografische Daten sind im Internet über
http://dnb.d-nb.de abrufbar.

© 2020 J. J. Plisk

Herstellung und Verlag:
BoD – Books on Demand, Norderstedt

ISBN: 978-3-7519-5809-7

☆☆☆☆☆

Inhaltsverzeichnis

Vorwort

Viele von uns haben sicherlich schon mal versucht, eine Geschichte aufzuschreiben oder zu dichten. Doch solche Werke zu veröffentlichen ist nicht einfach. Erstens kann man ein einziges Gedicht oder eine kurze Erzählung nicht herausgeben. Dafür muss schon eine Sammlung solcher Werke her, um damit wenigstens ein dünnes Buch zu füllen. Das weitere Hindernis, das sich dem Autor in den Weg stellt, ist die Tatsache, dass solche Bücher nicht jedermanns Sache sind und somit nicht so häufig gelesen werden, wie zum Beispiel spannende Abenteuergeschichten, Fantasysagas oder Kriminalromane.

Infolgedessen ist es nahezu unmöglich, Gedichte oder anderweitige poetische Werke unbekannter Autoren in die Hand zu bekommen, es sei denn, sie werden zum Beispiel im Internet einfach frei veröffentlicht. Aber auch dann lesen es vermutlich nur wenige. Das »World Wide Web« ist ein riesiges Ungeheuer, bestehend aus Unmengen an Texten, Bildern und Videos. Wie könnte da ein einfaches Gedicht, auch wenn vielleicht wert gelesen zu werden, einen Platz finden?

Es gibt unter anderem auch Menschen und Fachleute, die behaupten, dass, um sinnvolle und qualitativ hochwertige Lyrik zu schreiben, man sich zuerst mit bereits bestehenden Gedichtbändern bekannter Dichter (Goethe, Brecht, Heine, Schiller, Fontane, ...) auseinandersetzten muss. Ist dem aber wirklich so? Ich bin davon nicht überzeugt. Zudem glaube ich nicht, dass sich diese berühmten Dichter, bevor sie ihre Gedichte schrieben, mit den Werken anderer Gleichgesellten beschäftigten. Sie dichteten einfach, weil es ihnen Spaß machte und weil sie vielleicht dazu auserkoren wurden, Menschen mit ihrer Poesie zu erfreuen. Es gibt Leute, die eine besondere Gabe innehaben, nämlich Gefühle, Erlebnisse oder Ereignisse in Reimen zu verfassen.

Heutzutage gibt es unzählige Experten, die bis zu mehrere Hundert Seiten über die einzelnen Werke der bedeutenden Lyriker unserer Zeit verfassen, indem sie versuchen, das eine oder andere Gedicht oder Geschichte zu ergründen. Ich finde es oft lächerlich. Ich kann mir nicht vorstellen, dass ein Künstler, sei es Dichter, Maler oder auch Sänger, sich solche tiefgründigen Gedanken über ihr eigenes Werk macht oder gemacht hatte. Das kann jeder, der bereits ein Gedicht schrieb oder Lied komponierte, bestätigen. Es ist meist eine Eingebung, eine Vision, die denjenigen oder diejenige einfach heimsucht und das Werk, die erste Version/Komposition entsteht meist innerhalb von wenigen Minuten. Es fließt aus dem Betroffenen einfach heraus, wie ein reißender Fluss, der sich unaufhaltsam den Weg durch die Natur bahnt. Selbstverständlich kommt dann die Arbeit danach, so dass alles gleitend ineinanderpasst und es eine geeignete

Form erhält, was mehrere Stunden oder auch länger andauern kann. Aber die Idee, die Muse, die uns in dem Augenblick heimsucht, hat mit der Kenntnis der Arbeiten anderer Dichter gar nichts zu tun.

Es gibt schwer verständliche Werke, die nicht leicht zu lesen sind, oder die nur einigen Personen wirklich etwas vermitteln können. Hat jemand bereits versucht, die Gedichte von Edgar Alan Poe zu lesen? Das ist keine leichtverdauliche Kost, doch kenne ich Leute, die diese Art der Poesie mögen. Jedem einfach das Seine, oder?

Aus meiner Sicht kann man mit Hilfe eines einfachen Gedichts, wenn es gut und kunstvoll verfasst ist, seine Gefühle viel besser und ergreifender ausdrücken, als mit tausend Worten. Bei richtiger Formulierung und Wortwahl können ein paar wenige Verse das Herz berühren, uns zum Nachdenken und sogar zum Weinen bringen. Und falls ein Gedicht oder eine kleine Geschichte so etwas bewerkstelligen kann, muss diese Poesie oder Prosa keine perfekte Form besitzen, man braucht dafür keine Literatur zu studieren oder sich mit den Werken bekannter Dichter auseinanderzusetzen. Berühmte Poeten haben das sicherlich nicht getan, sie haben einfach nur aus der Seele geschrieben, sie hatten das große Talent, sie waren die wenigen Auserwählten auf dem besagten Gebiet, um uns mit ihren Werken zu verzaubern. Gleichwohl wurde solche Begabung nur wenigen in die Wiege gelegt.

Dessen unbeachtet versuchen viele zu dichten und zu schreiben. Und einige, auch wenn sie vielleicht nicht gut genug sind oder diese außergewöhnliche Gabe nicht im genügenden Maße besitzen, beneiden oft die Begabten, kritisieren sie und erkennen sie nicht an. Womöglich gibt es auf dieser Welt deutlich mehr Goethes, Schillers, Mozarts und anderer, die vielleicht außergewöhnlich sind, das Talent zu etwas Besonderem haben, als wir uns vorstellen können. Doch man muss zuerst einen Verleger finden, es an den Kritikern vorbeischaffen, seine Leser-gemeinde gewinnen und unterhalten, sich durchsetzen. Und dazu gehört nicht nur Talent und Fleiß, sondern auch eine große Portion von Glück.

Ich habe zu diesem Thema eine Parabel »Der Sturm und der Baum« verfasst. Was ist, wenn sich jemand von der Mitte deutlich abhebt? Egal ob im Schreiben, Dichten oder Komponieren? Wird derjenige oder diejenige über-haupt anerkannt? Oder einfach verdammt, weil häufig die Verantwortlichen, die über die Entscheidungsgewalt verfügen, diese Werke nicht verstehen und sie deswegen ablehnen?

Es gibt genügend Beispiele in der Geschichte der Menschheit, die darüber ein Zeugnis ablegen können. Wie zum Beispiel der berühmte Philosoph der Antike Sokrates. Er gilt heutzutage als der Stammvater der grie-chischen und auch der modernen Philosophie. Seine Zeitgenossen sahen das jedoch anders. Er wurde am Ende wegen Atheismus und Aufhetzung der Jugend zum Tode verurteilt. Lediglich durch seinen berühmten Schüler Platon und seine Werke wurde Sokrates schließ-lich unsterblich, er selbst hatte jedoch wenig davon. Auch Herman Melville, dem bekannten Autor von »Moby Dick«, erging es nicht anders. Sein Werk wurde von den Kritikern als »schlampig hergestellte Mixtur« bezeichnet und verachtet. Seine Bücher ließen sich nicht absetzen. Er blieb dennoch seinem Schreibstil treu und geriet schließlich ganz in Vergessenheit. Melville gab das unprofitable Schreiben fast völlig auf. Erst einige Jahrzehnte nach seinem Tod begann eine Melville-Renaissance und seine Werke gelten heutzutage als klassische Literatur. Oder Francois Villon, der bereits mit 32 Jahren verstarb. Seine Art des Dichtens wurde zu seinen Lebzeiten verachtet, heutzutage wird er dennoch als ein großer Poet gefeiert. Oder der deutsche Dichter Friedrich Hölderlin. Mit 35 Jahren wurde er wegen Hochverrat verhaftet und weil man ihm nichts nachweisen konnte, wurde er in eine Tübinger Klinik eingewiesen, wo er medizinisch misshandelt wurde und nachhinein als wahnsinnig galt. Seine Werke, sogenannte Spät-Hymnen, wurden erst 100 Jahre später herausgegeben und erst dann wurde er als visionärer Dichter wahrgenommen.

Keiner von uns kann daher voraussehen, ob er es schafft, ob seine Werke anerkannt und gelesen werden. Unzählige scheitern dabei sicherlich auf ihrem Weg.

Dennoch sollte man es versuchen.
Warum auch nicht?
Wenn es einem Spaß macht, was hat man zu verlieren?

So habe auch ich versucht, ein wenig zu dichten und ein paar Parabel niedergeschrieben, die mir zu bestimmten Anlässen oder Geschehnissen eingefallen sind.

Es war stets eine Art Eingebung. Die Gedichte und auch die Parabeln sprudelten aus mir einfach heraus, wie ein unbändiger Strom, der nach einer langen Regenzeit endlich den Damm durchbricht, um sich zu befreien und seinen eigenen Weg einzuschlagen. Und ich setzte einfach mich hin und schrieb.

Vielleicht gefallen dem einen oder anderen Leser einige meiner Gedichte oder Geschichten, geben ihm Mut und Hoffnung, ein Gefühl der Geborgenheit, Zufriedenheit, oder aber auch der Traurigkeit und Wehmut. Auch das gehört zum Leben. Wenn es mir gelingt, das Herz von einigen nur ein bisschen zu berühren, reicht es mir vollkommen. Mehr will ich ja gar nicht.

Viel Spaß beim Lesen.

J.J.P.

DIE WILLKÜRLICHKEIT
DES DASEINS

*Von Geburt an wird uns eingeprägt, was richtig ist und was
falsch, wie wir uns benehmen sollen und auf welche Weise
durch das Leben zu gehen, um Erfolg zu haben. Dem allen zum
Trotz versucht jeder von uns hin und wieder den Kreislauf der
Regeln zu durchbrechen und gegen den Strom zu schwimmen.
Es ist nicht leicht. Doch nur dann, wenn man seinen eigenen
Weg einschlägt, findet man sein wahres Glück.*

Sein oder nicht sein ist die Frage
bist fähig du zu leben in der Lage
oder dein Dasein bloß du fristest
nach den anderen stets dich richtest

Und wartest ewig auf ein Zeichen
doch kannst du nicht den Regeln weichen
die dein Leben im Bann stets halten
und von Geburt an für dich galten

Ausreißen und den Schritt mal wagen
sich aufzulehnen, Nein zu sagen
würdest du gerne, doch weißt nicht wie
dachtest daran, versucht hast noch nie

Mutlosigkeit, Angst und Schrecken
bloß die Gedanken in dir wecken
aus der Reihe einmal zu tanzen
und du rechnest fleißig deine Chancen

Ob du dir damit Schaden bringst
du in den Sumpf der Sünden sinkst
was die anderen von dir wohl denken
und du willst Sie damit bloß nicht kränken

Doch das Leben ist nicht die Straße nur nach vorn
mach dir keine Sorgen um den andern Zorn
Blick nach vorne wo die Zukunft liegt
nur der Wagemutige ist derjenige der siegt

Das ist nur die Willkürlichkeit des Daseins
und der Welt
die dich fern von deinen Träumen
und dem wahren Leben hält

DAS SCHICKSAL

*Gibt es überhaupt freier Wille? Oder ist alles bereits vorbe-
stimmt? Wer vermag es zu sagen? Ein Realist glaubt sein
Schicksal selbst zu steuern. Ein Gläubiger dagegen ist davon
überzeugt, dass der liebe Gott über unser Los verfügt. Und
andere wiederum haben das Gefühl, dass es womöglich höhere
Macht gibt, die uns leitet (oder verleitet?). Wieso haben einige
Menschen Glück und andere sind stets vom Pech verfolgt? Ist
das alles nur ein Zufall? Und ist es überhaupt wichtig?*

Und komme was geschrieben
der Schein der Freiheit nur trübt
Träume des freien Willens dir blieben
doch das Schicksal sein Werk hier übt

Ist der Anfang und auch das Ende gegeben?
Nichts kann das Werk der Fügung trotz beugen?
Das Leben und die Zeit dein Spinnennetz weben?
Das Schicksal und die Welt deine Wege dir zeugen?

Dem allen zum Trotz versuchst du zu gehen
deinen eigenen Weg einzuschlagen
in deine Richtung sich stets zu drehen
dem Winde entgegen ohne zu klagen

Wer gewinnen wird bloß die Oberhand?
Wer wohl in dieser aussichtlosen Schlacht?
Versuchst du zu brechen das dauerhafte Band?
Du allein willst trotzen der unsichtbaren Macht?

Der Weg war steinig und nun sein Ende naht,
war es dein Wille der dich führte?
Oder das Geschriebene sein Werk hier tat?
Dich dein Schicksal scheinbar nur rührte?

Alles vergessen, der Weg ist was zählt
auf dieser Welt eine Zeitlang zu weilen
ob geschrieben oder doch frei gewählt
dein Glück und Schicksal zu teilen.

DAS BÜNDNIS DES LEBENS

Wen man die richtige Person findet, will man auf ewig vereint sein, sich auf ewig binden, egal wie unterschiedlich die Menschen auch sein mögen. Doch ein Bund fürs Leben einzugehen bedeutet stets füreinander da zu sein und das ist nicht leicht.

Zwei Wege, die sich schneiden
zwei Menschen, die sich finden
zwei Lämmer, die sich weiden
zwei Seelen, die sich binden

Zwei Welten und ein Weg
zwei Spuren im Sand
Zwei Pfade und ein Steg
Der Wind und das Land

Der Hauch der Liebe in der Luft
Schmetterlinge im Bauch
der Sehnsucht wegen süßer Duft
wo kein Feuer auch kein Rauch

Das Morgenland und das Land der Schatten
Der Sonne Aufgang und ihr Schlaf
Der Bund des Lebens ging vonstatten
Die Stürmische und der Ruhige sich traf

Vereint sein der Wunsch sich äußert
»Ja ich will« prickelt auf der Haut
der Kirche Glocke frohe Kunde läutet
hier steht der Bräutigam mit der Braut

Ich sah und siehe zwei Schiffe und ein Ziel
den Wunsch zweier Menschen sich zu binden
des Lebens Meere zu durchqueren hat der Kiel
um seichte Gewässer am Ende zu finden

So sei gesegnet, der eure Pfad
den einen Weg lasse besiegeln
und den Bund der Ehe erster Saat
in eurem Glück sich widerspiegeln

DER GÄRTNER

Stellt euch vor, die Welt ist ein Garten und wir sind die Gärtner, die ihn pflegen und gestalten. Und die Menschen um uns herum sind wie die Blumen. Wir umsorgen sie und kümmern uns um ihr Wohlergehen. Doch sind sie es überhaupt wert? Einige Pflanzen vergehen trotz unserer intensiven Pflege, andere wiederum entgleiten uns und manche gedeihen auch ohne unser Zutun. Gleichwohl durchstreifen wir weiterhin sorgenvoll diesen einen Garten, es gibt ja kein anderer und die Blumen sind das einzige, was uns bindet.

Es gab zu seiner Zeit einen Gärtner, der sein Leben lang einen Garten pflegte. Er stand jeden Tag sehr früh auf, um dahin zu eilen und kam meist erst spät am Abend wieder nach Hause. Es war ein kleiner aber schöner Garten, mit vielen wunderbaren Pflanzen. Es war nicht einmal sein eigener Garten, trotzdem kümmerte er sich liebevoll und sorgfältig um alle Blumen, die sich dort befanden, ungeachtet ob es sich um eine hässliche undankbare Blume oder um ein schönes reizendes Gewächs handelte. Die meisten der Pflanzen verweilten jedoch nicht sehr lange in diesem Garten. Die Menschen brachten dem alten Gärtner seine Blumen herbei, um sie zu pflegen oder zu veredeln. Dann wurden sie wieder abgeholt, entweder von den gleichen Menschen, die sie mitgebracht hatten, oder einfach von anderen Personen, an die sie weiterverkauft oder verschenkt wurden. Und weil der Gärtner alle diese Pflanzen behutsam und mit Liebe behandelte, wurde ihm mit jeder Blume, die den Garten wieder verließ, immer ein Stück Herz haurausgerissen. Mal mehr, mal weniger, abhängig davon wie viel Zeit und Pflege eine jede Blume in Anspruch nahm. Hin und wieder bekam er jedoch auch seltene Blumen unter seine Obhut und diese Pflanzen wegzugeben fiel ihm immer besonders schwer.

Eines Tages brachte ihm ein Fremder zur Pflege und Verwahrung eine kleine unscheinbare Blume. Nachdem er sie jedoch mit Sorgfalt behandelte, erleuchtete sie plötzlich in einem besonderen Glanz und Zauber. Es war eine sonderbare Blume, graziös, liebreizend, doch zugleich zerbrechlich. Sie schien von einigen der anderen Pflanzen, die sie umgaben, wortwörtlich zerdrückt zu werden. Er zweifelte sogar an seinen Fähigkeiten als Gärtner, weil er nicht wusste, wie diese Blume zu umsorgen ist, bis er feststellte, dass es nicht die Pflege alleine war, sondern die Art, wie er sie behandelte und sogar seine Anwesenheit und sogar ob und wie er mit der Pflanze sprach. Er hatte immer die Angewohnheit gehabt, sich mit seinen Pflanzen zu unterhalten, auch wenn ihn die Leute oft für einen alten Spinner hielten. Und er fragte sich oft selbst, ob die Blumen in seinem Garten es überhaupt wert wären, sich so mühevoll um sie zu kümmern.

Diese Blume war jedoch etwas Besonderes. Eigentlich brauchte sie nicht viel, um zu gedeihen, nur ein wenig Licht, Wasser und Zuneigung. Es schien sogar als ob sie ihm zuzuhören vermochte und oft war bloß seine Anwesenheit ausreichend gewesen. Er selbst hat sie sehr lieb gewonnen. Und so kam er fast jeden Tag zu der Blume und sprach über seine Sorgen und über die anderen Pflanzen, oder er saß einfach nur schweigend da. Und diese sonderbare Blume bedankte sich, indem sie in seiner Gegenwart in einer außergewöhnlichen Pracht erblühte. Erschienen jedoch fremde Menschen, zog sich die Blume zusammen und ihr Glanz verflog augenblicklich. Zudem schien dieses sonderbare Gewächs eine außergewöhnliche Gabe zu besitzen, nämlich Glück und Freude zu verbreiten.

Jedoch nur an die, die ihren wahren Wert und Besonderheit zu schätzen wussten. Und so geschah es, dass der Gärtner diese sonderbare Blume sehr in sein Herz schloss. Doch wusste er, dass er sie eines Tages wieder verlieren würde. Und das machte ihn traurig. Aber nicht heute, dachte er immer, heute wird sie ihn noch nicht verlassen. Und der Tag ist lang. Und morgen vielleicht auch nicht.

Und so lebt der Gärtner von einem Tag zum anderen. Und jeden Tag erfreut er sich über die sonderbare Blume, die ihm Freude bereitet, und gleichzeitig fürchtet er den einen Tag, an dem er sie für immer verlieren würde.

So ist auch das Leben selbst, wir sind wie der Gärtner und der Garten ist die Welt, die uns umgibt. Wir erfreuen uns gerne an Sachen, die wir gerade in Besitz nehmen, Menschen, denen wir begegnen und an Geschehnissen, die uns ereilen. Doch nichts ist für die Ewigkeit und so bleibt uns nur die Hoffnung und wir versuchen vergeblich den einen Tag auf ewig zu umklammern, an dem uns das Schicksal mit Glück zu bescheren vermochte.

Die Gegenwart ist das Einzige was wahrlich zählt und die Zukunft, der Vergangenheit Saat, verflochten in den Strömen der Zeit, bleibt immer ungewiss.

DIE ZEIT
(der Sklave der Zeit)

Sind wir die Herrscher über die Zeit, oder ist die Zeit unser Herr und Meister? Wir haben niemals genug davon, doch wissen wir, dass sie uns wie der feinste Sand zwischen den Fingern davon rieselt, egal, wie fest wir die Hände zusammenhalten.
Was zählt wahrhaftig?
Die Zukunft? Die Vergangenheit? Oder die Gegenwart?

Wie ein Fluss nach vorn,
fließt stets die Zeit
und bläst ihr Horn,
der in die Weite schreit.

Und der Mensch die Zeit begleitet,
nur nach vorne wie ein Blinde,
auf deren Wellen sicher gleitet,
nur nicht anhalten, das ist Sünde.

Nicht langsam und auch nicht schneller,
wie wohl, die Zeit bestimmt das Hier
und der Mensch entblößt auf ihrem Teller,
»geh' weiter, oder bleib stehen und verlier!«

Zusammen und doch jedem allein,
die Zeit unweigerlich tickt,
und der Mensch tröstet so ihr Dasein
kaum hinterher er noch blickt.

»Die Zeit ist knapp, ich habe keine!«
Schreit der Mensch stets in Angst.
»Mir gehört sie, mir alleine!
Komm doch später, wenn du kannst.«

In die Zeit geboren,
durch die Zeit dahinscheiden,
in der Zeit verloren,
als Sklave hinfort zu leiden.

»Nein!«, sage ich, »das kann's nicht sein!
Der Zeit zu bieten ist die Stirn!
Das Leben ist zu kurz und es ist mein!
Drum rufe ich dich du Menschenskind:

Hey Mensch, bleib doch stehen!
Bloß einen kurzen Augenblick,
wo willst du ständig gehen,
wage es und zurück wirf deinen Blick.

Und dann erkennen wirst du vielleicht,
dass du selbst die Zeit erschaffen hast,
dass das, was zurückliegt, dem vorne gleicht
und die Zeit ist die von dir erfundene Last.

Nicht die Zukunft ist, was zählt
auch nicht das, was bereits war,
die Gegenwart ist was man wählt,
nur das Jetzt befreit den Menschen Narr.

So vergiss die Sorgen, die dich plagen,
die Zeit findet die Lösung, sie ist die brave,
um sich selbst mit deinem Kummer zu schlagen
erst dann bist du der Herr und die Zeit der Sklave.«

DAS EGO

Wer sind wir? Was macht uns aus? Jeder von uns ist ein einzigartiges Individuum. Wir streben nach Glück, Erfolg und Anerkennung und viele von uns möchten stets im Mittelpunkt jeglicher Geschehnisse stehen. Ist das der wahre Weg?

Du, nur du, um dich nur es geht
du alleine bist das Zentrum der Welt
immer um dich alles sich dreht
in Mittelpunkt stets dein Ego sich stellt

Und wenn nur um einen Hauch
in den Schatten man dich stellt
Schmerzen spürst du im Bauch
und Angst in Armen dich hält

Wie man dich nur vergessen könnte?
Dass sich gar niemand um dich schert?
Und dass man dir kein Erfolg gönnte?
Dein Schicksal den Rücken dir jetzt kehrt?

Halt inne du Narr
schau dich bloß um
nur dein Ego macht klar
die Welt um dich krumm

Dann erkennst du die Wahrheit
nichts bis du und bleibst
dein Ego raubt dir die Freiheit
und den falschen Weg dir weist

Nicht durch dich selbst
in der Mitte du bist
sondern erst
der Dritte dich hisst

So sorge für die, die um dich stehen
schraube dein Ego zurück
die Menschen zu dir werden sich drehen
gerichtet auf dich wird plötzlich ihr Blick

Dann im Mittelpunkt wieder dein Ego ist
ohne dass dich selbst es nur rührte
sodann erkennst du wahrlich, wer du bist
und dass der Weg durch Dritte dort führte

DER STURM
UND DER BAUM

Jeder von uns ist etwas Besonderes, eine einzigartige Erschei-
nung im Angesicht des Universums. Wir sind dennoch nicht
allein, sondern teilen uns das Dasein mit anderen Individuen,
die ebenso einzigartig sind wie wir selbst.

Wir gleichen den Bäumen in einem Wald und das Leben ist der
Sturm, der um uns herum wütet und auf uns niederprasselt.
Um zu bestehen, müssen wir uns anpassen, insbesondere in
schweren Zeiten. Nur auf diese Weise halten wir stand. Wer
sich nicht beugt, kann von dem Gewitter des Lebens vernichtet
werden, seine Wurzeln werden herausgerissen und auf dem
Boden der Tatsachen zerschmettert verlassen.

Ein Sturm kam auf, außergewöhnlich stark um diese
Jahreszeit, rasch und unerwartet. Der ganze Himmel ver-
dunkelte sich schlagartig und wurde fortan die ganze
Nacht blendend in grellen Farben durchleuchtet, die
Blitze überschlugen sich und der Donnerschlag häm-
merte ohrenbetäubend in alle Richtungen. Der Wind
tobte heulend durch die befallenen Wälder und Täler,
wie ein Rudel tollwütiger Wölfe, die sich unaufhaltsam
ihrer Beute näherte. Alles was nicht fest im Boden veran-
kert war, wurde gnadenlos weggefegt, wie ein Blatt
Papier.

17

Erst als die Dämmerung schließlich einbrach, legte sich das Gewitter, genauso schnell, wie es sich erhob und der Himmel klärte sich allmählich wieder auf. Das gesamte Tal in dieser verlassenen Gegend des Hochgebirges wurde verwüstet, als ob eine gigantische göttliche Faust auf die Welt niedergeschlagen hätte. Bäume und Sträucher wurden wie nichts aus der Erde herausgerissen und überall wahllos verstreut. Auch der kleine Hain an der Flanke des Tales, der sich zu dem westlichen Gebirge hinauf erstreckte, wurde zerrüttet, kleinere Bäume samt den gesamten Wurzeln herausgerissen und hunderte von Metern weit hinausgeschleudert. Größere, stärkere Stämme wurden aus dem Boden herausgehoben und lagen quer übereinander. Einigen Wenigen, die dem wüten den Sturm standzuhalten schienen, wurde die Krone einfach abgerissen oder der Baumstamm gar in der Mitte auseinandergebrochen. Die meisten der Bäume in diesem Teil des Erdreichs waren zerstört und wurden fortan dem Untergang geweiht.

Die ganze Gegend war durch das Unwetter schwer erschüttert, bis, ..., bis auf eine einzige Ausnahme.
Ein Wunder der Natur?
Am Rande des kleinen Haines, hoch oben an der Flanke des Tales, stand ein junger Baum völlig unberührt. Es fehlten ihm zwar ein paar Äste und seine Rinde wurde von dem herumfliegenden Gehölz zerkratzt, sonst schien er gleichwohl den vernichtenden Sturmangriff ohne jegliche Schäden zu überstehen. Es war ein graziler

Baum unbekannter Herkunft, der gar nicht in diesen schwermütigen Wald passte. Sein Samen, durch einen heftigen Sturm aus einem fernen Land womöglich hierhergebracht, fand in dieser Gegend zufälligerweise einen fruchtbaren Boden, sein Heim.

Am Anfang schien er durch die umliegenden Bäume wortwörtlich zerdrückt zu werden. Es gab wenig Licht, die Sonnenstrahlen, die die mächtigen Kronen der benachbarten Hölzer für sich beanspruchten, kamen nur sporadisch hindurch und es gab hoch oben im Tal nur wenig Grundwasser. Dem allen zum Trotz schaffte es dieser sonderbare Baum fortzubestehen. Er schien ein wahrer Überlebenskünstler zu sein, auch wenn man es ihm auf den ersten Blick gar nicht ansah. Er war zierlich und schlank, seine Blätter lang und schmal und die Äste ragten nie weit weg vom Hauptstamm.

Gleichwohl besaß dieses besondere Holzgewächs eine gewisse Eleganz, wie er sich aus dem Schatten der uralten Bäume majestätisch hervorhob und immer weiter zum Himmel und Licht hinaufeilte. Seine Blütenzeit war ebenfalls außergewöhnlich, sie dauerte ungewöhnlich lang und kam immer viel früher als bei den anderen Bäumen, wenn überall noch der Schnee lag und Bodenfrost herrschte. Es machte diesem Gewächs jedoch scheinbar gar nichts aus. Seine Blüten waren verhältnismäßig klein, doch wunderhübsch, berauschend und verführerisch. Und sie besaßen einen unvergesslichen Duft, der jeden, der sich in diese Gegend verirrte, vereinnahmte und verzauberte.

Auch wenn es zuerst unmöglich schien, schaffte der seltsame graziöse Baum dennoch zu überleben und holte in kürzester Zeit die Kronen der umliegenden Riesen ein. Bald ragte er hoch hinaus in den Himmel, weit über den alten mächtigen Bäumen, empor zum Licht und der lebenspendenden Wärme der Sonnenstrahlen.

Doch der Sieg war trügerisch. In diesem abgelegenen Hochgebirge gab es ständig mächtige Stürme, Gewitter und starke Winde, die der Natur stets zu schaffen machten. Und alle Bäume, die so schnell in den Himmel schossen, wurden alsbald aus dem Anker gerissen und verfaulten fortwährend in der nahen Umgebung.

Nicht jedoch dieser Baum.

Er kämpfte nämlich nicht verbissen gegen das Gewitter, er passte sich nur an. Bei einem starken Wind beugte er sich lediglich in der Windrichtung, beim Sturm schlossen sich die Blüten und Blätter zusammen und die Äste zogen sich zum Hauptstamm zurück. Er schottete sich einfach ab. Und so überstand dieser sonderbare Baum alle Gefahren, die ihm die Natur und die Welt in den Weg stellten.

Der Anfang war sicherlich nicht leicht und oft schien er an den Schicksalsschlägen zu zerbrechen, doch kam er immer wieder hoch und wuchs weiter.

Und jetzt, nachdem er den Sturm des Jahrhunderts überlebt hatte, stand er fast als einziger unbeschadet da. Bald wird er seinen Samen zerstreuen und neue Bäume, seiner Art, werden hier wachsen. In kurzer Zeit wird ein neuer

Hain entstehen, diesmal jedoch voll dieser sonderbaren Bäume, die einem jeden Menschen, der sich zufällig in dieser Gegend verlaufen sollte, einen Schatten vor der Mittagssonne spenden und ihm einen Duft bescheren, den er in seinem Leben nie mehr vergessen wird.

***

Die Sonne stand bereits tief am Horizont, als der Reisende aufwachte. *Was für ein seltsamer Traum,* dachte er sich. Er blieb noch liegen, genoss die Zeit und beobachtete nachdenklich die schmalen Blätter und die sonderbaren Blüten von diesem schönen Baum, unter dem er lag. Er war der Größte und scheinbar auch der Älteste der Bäume in diesem kleinen Hain an der Flanke des Tales, wo sich der Fremde verirrt hatte. Er fühlte sich wie im Paradies, als ob er endlich am Ziel seiner langen Reise angelangt wäre. Er kannte keinen einzigen Baum, der solche Eigenschaften, die in seinem Traum erschienen waren, besitzen würde.

Aber vielleicht war es nicht nur ein Traum, sondern eine Botschaft, eine Kunde an alle Menschen, die etwas Besonderes sind und sich von dem Mittelmaß abheben.

»Je mehr du dich von den anderen unterscheidest, umso mehr musst du dich biegen und anpassen, um nicht zu zerbrechen.

Don nur in Wenigen von uns wohnt die Kraft inne und der Wille, standhaft zu bleiben. Aber nur dann, mit viel Fleiß und Geduld, wenn du dir selbst treu bleibst, wirst du in der Lage sein, deinen Träumen nachzueifern und dein ersehntes Ziel zu erreichen, um glücklich zu werden. Und so ein Glück ist mehr wert als alle Schätze dieser Welt.«

Der einsame Besucher schloss erneut seine Augen, um weiter zu träumen.

Plötzlich überkam ihn ein Gefühl der Schwerelosigkeit und er fiel in einen Zustand zwischen Traum und Wirklichkeit. Der Wald und die Bäume wirkten verschwommen und eine seltsame Empfindung suchte ihn heim. Er stand unter dem sonderbaren Baum und sah sich gebannt um. Zuerst konnte er nichts Besonderes erkennen, doch dann erblickte er eine zierliche Gestalt, die den Abhang des Tales in seiner Richtung hinaufstieg. Als sie näherkam, stellte er fest, dass es sich um eine junge Frau handelte. Sie bewegte sich über dem weichen Waldboden graziös, geschmeidig und leise, wie eine Katze. Ihre langen Haare flogen in der abendlichen Brise um ihren Kopf herum, glänzend, durchleuchtet von den letzten Sonnenstrahlen, wie pures Gold. Einige Schritte vor ihm blieb sie schließlich stehen und sah ihn mit ihren großen blauen Augen wortlos an. Als er ihren Blick erwiderte, schien er plötzlich den Boden unter seinen Füssen zu verlieren. Ihre Augen spiegelten den blauen Himmel am Horizont wider, tief wie die Nacht und unendlich wie das Weltall selbst. Er spürte plötzlich ein leichtes Schwindelgefühl und musste seine ganze mentale Kraft aufbringen, um den Blick abzuwenden, ansonsten würde er vermutlich seinen Verstand verlieren. Sie neigte ihren Kopf leicht zur Seite und lächelte ihn freundlich an. Ein Lächeln, das selbst die Sonne in den Schatten stellt:

»Sei willkommen, Fremder, ich habe dich erwartet. Deine Suche ist zu Ende.«

DIE EINSAMKEIT

Es gibt unzählige Menschen auf unserem Planeten, wir sind
stets von Leuten umgeben und trotzdem fühlen wir uns oft
allein. Wieso? Auch wenn wir Sozialwesen sind, sind wir
gleichermaßen Individuen und jeder von uns ist das Zentrum
seines eigenen Universums. Man ist nur dann einsam, wenn
man so empfindet.

Von Geburt fortan von Menschen umgeben
anfangs Mutter und Vater dich hegten
später in der Schule mit Gleichen zu leben
und all deine Freunde dich pflegten

Dann die Liebe dich traf
um mit dir zum Altar zu schreiten
und du versprachst ihr brav
sie bis zum Ende zu begleiten

Die Zeit verging wie im Flug
die Jahre schwanden wie ein Rauch
und die Welt weiter dich trug
von den Träumen blieb nur ein Hauch

Das Leben ist nur ein Wimpernschlag
und du blickst jetzt mühsam zurück
und grübelst oft woran es lag
ist es vorbei, war das dein Glück?

Alt und verkrüppelt
mit den Augen der Weisheit
dein Schicksal dich rüttelt
und du erkennst die Wahrheit

Einsamkeit war dein wahrer Begleiter
der Leben lang an deiner Seite stand
in seiner Begleitung ging es stets weiter
seine war immer die helfende Hand

Das Zentrum der Welt
ist stets jeder für sich
egal für wenn er sich hält
welche Regeln er bricht

Du bist allein auf dieser Welt
die anderen sind nur Klamm und Trug
bloß die Zeit die Jahre an dir schält
bis zerschmettert ist des Lebens Krug

Und so wie am Anfang allein
kamst du mal selbst auf diese Welt
so einsam wird dein Tod wohl sein
ob ganz arm oder voll von Geld

Das Leben ist der Einsamkeit Bann
nur die Liebe ist zeitlich ein Licht
die dich begleitet, wie weit sie kann
bis die Fessel des Lebens mal bricht

Man legt dich dann in einen Sarg
in eine Truhe ganz allein
in einem Grab, dunkel und karg
wird deine letzte Ruhe sein

Verlassen und einsam
tief in der Erde
verrottet dein Leichnam
gänzlich am Ende

Egal was dich dein Leben lang trieb
nun bist du allein, blind, stumm und taub
auf dieser Welt nichts von dir blieb
außer dem kleinen Häufchen von Staub

DIE EWIGKEIT

Wer von uns wünscht sich nicht, ewig zu leben? Doch auch die Ewigkeit hat ihr Ende. Alles zieht an uns vorüber und am Ende zerfällt zu Staub. Das Einzige, was uns bleibt, sind Erinnerungen an das Vergangene. Welchen Wert hat dann die Ewigkeit, wenn alles vergänglich ist? Es ist die Gegenwart. Wenn man nicht ständig über die Zukunft nachdenkt, kann sogar ein einziger Tag der Ewigkeit gleichen.

Auf ewig zu leben
wer will das nicht
dem Leben stets geben
und kein Ende in Sicht

Die Ewigkeit jedoch selbst
hat kein Anfang und nie endet
egal wo du dich auch stellst
ihre Verlockung zeitlos blendet

Die Ewigkeit und die Zeit
sind unzertrennlich verstrickt
die Zeit bestimmt wie weit
und die Ewigkeit die Regel bricht

Die Zeit ist der Zerfall und der Tod
die Ewigkeit jedoch schert es nur wenig
sie selbst ist stets das sichere Boot
und herrscht fortan, der ewige König

Ohne die Zeit selbst gibt es aber nur Jetzt
keine Alpträume in den Kopf dir steigen
keine Vergangenheit in die Zukunft dich hetzt
die Stimmen der Pflicht endlich mal schweigen

Dann ist die Ewigkeit wie ein Atemzug
der nur keinen Anfang hat und kein Ende
alles Geschehene eines Windes Zug
ohne Bewegung und ohne Wende

Das Hier und Jetzt ist die Ewigkeit
die der Mensch in sich trägt
die jedem von uns die Herrin Zeit
sanft in die Wiege legt

So lebe die Gegenwart ohne die Zeit
ohne die Last dessen was bereits war
ohne die Zukunft, die Plagen, das Leid
dein Leben wird glücklich, einfach und klar

DER TRAUM VON EINER
SONDERBAREN BLUME

*Für viele von uns gibt es eine Person, die etwas Besonderes ist,
auch wenn auf den ersten Blick oft nicht gleich zu erkennen,
wie eine Blume, die außer der Pflege auch Liebe und Zunei-
gung bedarf, um zu gedeihen.*

Ich hatte einen Traum.

Ich befinde mich in einem kleinen, dennoch gemütlichen
Zimmer. Es wird langsam dunkel und durch das einzige
Fenster auf der Westseite dringen die letzten Sonnen-
strahlen hinein. Draußen ist es noch angenehm warm,
doch die ersten Vorboten des ankommenden Herbstes
kündigen sich bereits an. Die Abende werden langsam
kalt, die grüne Farbe der Natur verliert nach und nach an
Kraft und Frische und der morgige Nebel verschleiert die
Wiesen und Wälder mit seinem weißen Schal.

An diesem Zimmer ist nichts Besonderes, bis auf eine
zierliche, auf den ersten Blick unscheinbare Blume, die
auf dem schmalen Fensterbrett steht. Wenn man diese
Blume jedoch ins Auge fasst und näher betrachtet, er-
leuchtet sie plötzlich in einem besonderen Glanz und
Zauber. Es ist eine sonderbare Blume, graziös und lieb-
reizend, dennoch genügsam. Sie hat eine einzigartige

Eigenschaft, indem sie das ganze Jahr lang blüht. Zudem besitzt sie noch eine außergewöhnliche Gabe, sie vermag nämlich Glück und Freude zu verbreiten. Unzählige sehnen sich solch eine Blume herbei, gleichwohl vergeblich. Sie ist stets mit Vorsicht zu behandeln, dennoch ist sie pflegeleicht. Sie braucht nicht viel, um zu gedeihen, nur ein wenig Licht, Liebe und Zuneigung.

Die Sonnenstrahlen zersplittern an den Fensterscheiben und lassen diese sonderbare Blume durch das wechselseitige Spiel aus Licht und Schatten in einer außergewöhnlichen Pracht erscheinen. Sie wirkt beinahe lebendig, als ob sie zu lächeln versuchte. Es dauert nur den Bruchteil einer Sekunde, dann verfliegt der Zauber und das Zimmer verdunkelt sich. Die Sonnenstrahlen zerbrechen noch das allerletzte Mal an den Glasscheiben, bevor sich die Sonne endgültig schlafen legt.

In diesem einen Augenblick, kurz bevor die Nacht ihre Flügel ausbreitet, erscheint plötzlich auf dem beschlagenen Fenster, direkt hinter der sonderbaren Blume, ein Zeichen. Es ist nicht gleich zu erkennen, doch bevor das kleine Zimmer in die völlige Dunkelheit eintaucht, kommt es klar zum Vorschein. Es sind zwei Hände, die sich an den Fingern und am Daumen sanft berühren und das Eine Symbol bilden.

DER FLUCH
DER WEISSHEIT

Ohne das Wissen wäre die Menschheit nicht da, wo sie gerade-steht. Alle unsere Errungenschaften haben wir durch Erfor-schung und Gebrauch der Naturgesetze erlangt. Sind wir jedoch glücklicher als unsere Vorfahren? Ich glaube kaum. Man be-hauptet »Wissen ist Macht«, doch Wissen ist nicht Glück, nicht Freundschaft, nicht Liebe und auch nicht Zufriedenheit. Das Wissen ist lediglich das, was wir daraus selbst machen.

Zu wissen ist ein Segen
doch es ist auch ein Fluch
wie ein scharfer Degen
verhüllt in einem golden' Tuch

Das Ziel liegt fern
und der Weg ist lang
des Weisen Stern
sein stetiger Drang

Nur Geduld und sehr viel Fleiß
führen schließlich mal zum Ziel
und jedweder sehr wohl weiß
wie oft er aufstieg und wie er fiel

Alles was zum Ziel ihn leitet
schreibt er fleißig in sein Buch
von der Zeit, dem Feind, begleitet
des Weisen ewig langer Fluch

Doch nur das ist der wahre Weg
der die Wissenslücken füllen kann
der schmale Grad, eiserner Steg
ewig verfangen in seinem Bann

Doch hält er stand im festen Glauben
verzweifelt nie und gibt nie auf
wenngleich den Schlaf es wird ihm rauben
das Ziel liegt sicher vor seinem Lauf

MIT DEM WIND

Wir streben stets etwas an, setzen uns Ziele, die schwer zu erreichen sind, versuchen Berge zu erklimmen, die unannehmbar sind, Höhen zu erreichen, wo man nicht atmen kann. Und wir möchten stets die ersten sein. Wo ist eigentlich der Unterschied zwischen dem zweiten und dem letzten? Gefeiert wird bekanntlich nur der, der als erster die Ziellinie durchquert.

So wie der Wind stets den Weg durch Berge und Täler findet
und auf seine Reise die Spuren des kläglichen Daseins verwischt
ist zum Greifen nah doch unsichtbar das Land auf ewig bindet
den Wunsch nach Wissen mit Hoffnung und Zweifel vermischt

So bewegen wir uns auf die gleiche Weise
zum Ziel gewünscht doch unbekannt in weiter Ferne
verwischen wir oft die Spuren unserer Reise
mit dem Wind verbunden zweifeln und hoffen wir gerne

Ungestüm getrieben sind wir stets nach vorn
ist vielleicht das Los, die Götter für uns auslasen
und jeder trägt stolz in der Hand sein Horn
um am Ende das eigen Siegeslied zu blasen

In weiter Ferne plötzlich eine Posaune hörst du leise
ein anderer wohl vor dir den Berg bestieg
und verkündet die Ankunft auf diese Weise
sein Glück und Stolz, den hart erkämpften Sieg

Aufgeben, nicht doch, es war nur ein kleiner Fall
Diesen Berg erklimmen war nicht auf deiner Leiter
du bist besser, viel höher wirst du deinen Ball
und mit dem Wind im Rücken geht es stets weiter

DAS MORGENGRAUEN

... Ein entferntes Gezwitscher der morgigen Vögel ver-
mischte sich mit meinen Träumen, vertrieb sie allmählich
aus meinem Kopf, verdrängte langsam meinen Schlaf
und ich wachte schließlich auf. Es war stets dunkel, die
Nacht schien noch alles im Griff zu haben, doch ich
spürte, dass ihre Macht langsam schwand. Ich betrach-
tete eine Zeitlang die Decke über mir und die Schatten,
die durch ein entferntes Licht außen verwirrte Muster
und Gebilde formten. Ich konnte nicht mehr einschlafen,
stand auf und schlich mich leise heraus auf den Balkon.
Die Luft war noch warm vor dem vorigen Tag, dennoch
angenehm abgekühlt durch die Nacht. Ich schaute mich
um, dann lehnte ich mich gemütlich an das Geländer des
Balkons und schaute auf das Meer hinaus, das sich in
nicht weiter Ferne befand.

Zuerst konnte mein Blick nicht viel erfassen, dann jedoch,
als sich meine Augen an die Dunkelheit gewöhnten,
konnte ich langsam das Meer und die Umrisse des ent-
fernten Horizonts erkennen. Eine feine Linie, die den
nächtlichen Himmel im Süden durchquerte. Die Sterne
schauten ausdruckslos und kaltherzig auf mich herab,
doch ihre strahlende Lichtintensität nahm langsam ab
und einer nach dem anderen verschmolzen sie allmäh-
lich mit dem immer heller werdenden Himmel. Ein

schwacher Wind hob sich plötzlich aus dem Nichts und brachte die umliegenden Bäume zum leisen Rascheln und Flüstern. Ich bemerkte, dass die Nacht ihre Macht endgültig verlor und die Natur um mich herum erwachte langsam doch unaufhaltsam zum Leben. Sie vermittelte mir die ersten Morgengrüße.

Das Meer war nun deutlich zu erkennen, die frische morgige Briese zerstörte die glatte nächtliche Oberfläche und die Wellen fingen langsam ihr unendliches Spiel, die einzigartige Symphonie des Meeres, ohne Raum und Zeit, wieder von vorne an.

Der Anblick brachte meine Gedanken in Einklang mit dem Schaukeln der Wellen und mir war in dem Augenblick wieder einmal bewusst, wie kleinlich und nichtig das klägliche Dasein ist. Nur ein Sandkorn auf dem weiten Strand, nur eine winzige Welle auf dem unendlichen Ozean. Doch egal wie unbedeutend diese eine Welle auch zu erscheinen vermag, auch sie kann eines Tages ihren Hafen erreichen und auch sie prägt das Meer. Die ersten Sonnenstrahlen berührten die mächtigen Kronen der alten Pinien auf der gegenüberliegenden Seite des Tales.

Ein neuer Tag beginnt und wer weiß, was er uns bringt? Wohin wird der Wind unsere kleine Welle wohl treiben? Ich glaube, es ist besser es nicht zu wissen. So ist ein jeder Tag eine neue Herausforderung. Vielleicht beschert er uns mit Freude, vielleicht mit Enttäuschung. Doch er bringt uns immer wieder Hoffnung und es ist nur ein einziger Tag ... Es kommen noch viele andere...

DER WEG ZUM ZIEL

Unser Weg, den wir einschlagen, scheint oft willkürlich zu sein und unsere Bestimmung glauben wir durch unseren Willen zu steuern. Doch jeden Entschluss, den wir fällen, prägt unseren nächsten und somit sind wir eigentlich Sklaven unserer eigenen Entscheidungen und Gefangene vom Schicksal, das scheinbar zufällig über uns verfügt, dennoch unweigerlich dorthin eilen, was für uns durch unsere Taten und Entscheidungen vorbestimmt wurde.

Der wahre Weg

Der Weg ist das Ziel, manche sagen
der, auf dem wir uns ständig plagen

und die Steine, die darauf liegen
um uns zu erinnern, dass wir siegen

wenn wir uns selbst immer treu bleiben
und nicht von uns'rem Weg abtreiben

Die Frucht des Zieles

Der Weg ist das Ziel, kundtun die Weisen
und vertrauen sollst du in den Herrn,
doch der Weg ist steinig und ein heißes Eisen,
d'rum aufgeben würdest oft du so gern

Und warum soll der Weg das Ziel wohl sein,
das unerreichbar in weiter Ferne schlummert?
D'rum sch... ich auf den Weg und den Schein,
weil mich nur die Frucht des Zieles kümmert.

Ganz egal wie und gleich mit welchen Mitteln,
über Leichen hinweg lass ich die Korken knallen
und die Erde oder sogar den Himmel selbst rütteln,
um zum Ziel empor zu steigen ..., oder zu fallen.

DER WEG,
DER MEINER IST

Was, wenn wir plötzlich erfahren, dass es mit uns zu Ende geht, dass unsere eigene Ewigkeit einen Makel erfahren hat und unsere Tage gezählt sind? Bereuen wir das Vergangene? Oder würden wir das gleiche Leben erneut leben wollen? War der Weg, den wir eingeschlagen haben, der richtige? Oder würden wir lieber einen anderen Weg beschreiten?
Es stellt sich auch die ewige Frage: Was kommt danach? Ist unsere Reise tatsächlich zu Ende?

Ich öffne langsam die Augen und betrachte aufmerksam die Welt um mich herum. Ich sehe sie jetzt anders als zuvor, die Farben erscheinen intensiver, ich kann sie riechen, schmecken, ich kann sie jetzt sogar fühlen. Es ist meine Welt und es war mein Weg, den ich in dieser Welt beschritten habe. Ich genoss die Reise in vollen Zügen, ich ritt auf einem weißen unbändigen Ross über die Wellen der Zeit, ungebunden, unbezwungen und ungezähmt. Die Zeit schien still zu stehen und der Weg unendlich lang. Auf meiner Reise kreuzte ich die Wege unzähliger Reisender, einige begleiteten mich eine Zeitlang und andere gesellten sich zu mir und blieben an meiner Seite, sie waren meine Seelenverwandten, meine treuen Gefährten. Doch ich wanderte weiter durch die Welt auf dem einen Weg, der meiner war. Und mit mir streifte die Zeit, mein treuer Begleiter, der nicht von meiner Seite wich. Ein trügerischer Genosse, der mir zu vergessen half und meine Wunden heilte, doch trank er dauerhaft aus meinem Lebenskrug, um mir schließlich zu offenbaren, dass ich nur ein Sandkorn im Auge der Ewigkeit bin und weniger als nichts im Angesicht des Universums. Und bevor ich mich umsah, leerte er mein Gefäß, bis nur ein paar Tropfen dieser kostbaren Flüssigkeit zurückblieben.

Würde ich einen anderen Weg wählen?

Ich glaube kaum. Es war mein Weg, den ich in dieser Welt eingeschlagen habe, auch wenn er nicht immer gerade verlief und mit unzähligen Dornen, scharfkantigen Klippen und unendlichen Abgründen übersäet gewesen war, er war der meine. Er hat mich geprägt und zu dem gemacht, was ich bin. Warum sollte ich daher einen anderen Weg gehen wollen? Auch wenn ich jetzt seinen letzten Abschnitt anzutreten scheine. Ich begreife im vollen Umfang den Entschluss, lieber ein kurzes doch erfülltes Leben zu wählen, anstatt eines langen und langweiligen.

Der Tag, mein Tag, neigt sich dem Ende zu und die Sonne, meine Sonne, taucht sanft, doch unaufhaltsam hinter dem weit entfernten Horizont unter. Die Dämmerung, meine Dämmerung, schreitet voran und überlässt das Zepter der Macht ihrer Schwester, der Nacht. Ich erblicke allmählich die Sterne, die in der werdenden Dunkelheit immer intensiver erstrahlen. Es ist das weite Weltall, das sich vor mir in die Unendlichkeit ausbreitet und mich freundlich grüßt.

Und ich begreife schließlich.

Meine Reise ist hier nicht zu Ende, sondern nur ein unbedeutender Abschnitt meines Weges vollbracht wurde. Ich bin ein Teil des Universums, wie jeder von uns und so wie das ewige All ist auch meine Reise. Sehr bald schon wird das nächste Kapitel meines Lebens beginnen. Es graust mir ein wenig davor, doch freue ich mich gleichermaßen, begierig und voller Erwartung.

Wohin wird der neue Weg wohl führen?

Es spielt ja gar keine Rolle, es kümmert mich nicht im Geringsten. Es wird wieder ein Weg sein, der meiner ist. Ich lehne mich zurück, schließe erneut meine Augen und denke nach, über mein Leben und meinen Weg:

Nur ein Sandkorn
getrieben vom Wind
stets bloß nach vorn
taub, stumm und blind

Doch glaub ich fest
an das Schicksal
dass es mich lässt
zu treffen die Wahl

Wo geht sie hin,
die weite Reise?
Führt sie mit Sinn
und nicht im Kreise?

Auf neuem Wege
wohl ihr das wisst
ich bald mich lege
der meiner ist

Doch zweifelt nicht
es ist nur Wende
ich seh' das Licht
vor mir am Ende

Das Schicksal bricht
und schwingt den Stab
über mir das Licht
und unten das Grab

Schwer wie das Blei
nicht ich dort liege
mein Geist ist frei
ich nichts mehr wiege

In Reich der Seelen
führt nun die Reise
ist der Ort zu wählen
wo ich jetzt speise

DER ABSCHIED

Eine Trennung ist immer niederschmetternd, insbesondere, wenn sie unerwartet ankündigt wird. Wie sollen wir damit umgehen? Wie sollen wir, ohne die Person, die uns alles bedeutet, weiter leben? Es reißt uns das Herz aus der Brust heraus, es drückt uns nieder, es lässt uns verzweifeln. Gleichwohl haben wir keinen Anspruch auf jemanden, der uns verlassen will, egal wie viel uns diese Person auch bedeutet. Und so jemanden gehen zu lassen verlangt an besonderer Stärke.

Aus heiterem Himmel wie ein Blitz
die Verkündung das Herz zerschlägt
undenkbar, bloß ein schlechter Witz
der Teufel selbst sie ins Ohr mir legt

Doch wahrlich wie das reine Herz
die Nachricht schwer im Magen liegt
ernst war sie gemeint und kein Scherz
nur mit aller Mühe die Vernunft obsiegt

Noch unsicher und voller Zwiespalt
doch die Entscheidung das Siegel trägt
unaufhaltsam durch den Kopf mir hallt
und die nächsten Schritte von nun an prägt

Überspielt mit einem Lächeln
nach außen gar kein Schrei entweicht
den Blick nach vorn, um nicht zu schwächeln
doch im Innern es dem Vulkan gleicht

Zeitlang die Sonne die Wolken durchdrang
und einen lichten Weg mir zeigte
ein Engel lieblich in die Ohren mir sang
die Waage in meine Richtung sich neigte

Doch es war lediglich ein Atemzug
ein kurzer Lichtblitz in der Dunkelheit
nur ein Tropfen in einem leeren Krug
Seele, die vergebens um Hilfe schreit

Ich glaubte flüchtig an vereinten Weg
doch bloß zwei Fremde gesellten sich bei
zwei ungleiche Wesen auf einem Steg
ich begreife jetzt und gebe dich frei

So ist es halt und so soll es wohl sein
das Schicksal die Karten in Händen hält
unsere Entscheidungen bloß ein Schein
weil jemand anderer die Weichen stellt

Ich verkünde nicht auf wiedersehen
ich kundtue nur traurig lebe wohl
und lasse die Welt weiter sich drehen
nach außen gefasst, doch innen nur hohl

HULDIGUNG
DER SCHÖNHEIT

*Falls man das Glück hat, einer Person fürs Leben zu begegnen,
sollten ihre Schönheit und ihre außergewöhnliche Erscheinung
auch entsprechend gehuldigt werden.*

Du bist das Licht in der Dunkelheit
die weiße Perle der sieben Meere
der Seelentrost für jedes Leid
die wahre Fülle der inneren Leere

Du bist die Stille der Nacht voller Sterne
die weiße Pracht der hohen Berge
der Sonnenaufgang in weiter Ferne
das Schneewittchen der sieben Zwerge

Du bist das Wasser, das Leben schenkt
der eine Atemzug der Ewigkeit
der Weg, den das Schicksal lenkt
die Erlösung, nach der meine Seele schreit

Du bist der Verdammten wahrer Glaube
der Wegweiser in dunkler Nacht
des Friedens Bote, die weiße Taube
des einsamen Kriegers die eine Macht

Du bist die Elfe aus Märchenland
eine Schönheit, der nichts trotzen kann
die endlich meine verlorene Seele fand
und mich auf ewig zieht in deinen Bann

DIE GEGENSÄTZE

Es stellt sich oft die Frage, wer zueinander passt. Die, die sich
gleichen oder die, die sich als Gegensätze auf ewig ergänzen?

Du bist das Leben, ich bin der Tod
du bist die Fülle und ich bin die Not
du bist die Freude, ich bin das Leid
du bist die Gunst und ich bin der Neid
du bist die Liebe, ich bin der Groll
du bist die Schöne und ich bin der Troll ...

Du bist der Tag und ich bin die Nacht
du bist die gute, ich die dunkle Macht
du bist die Hoffnung und ich bin die Qual
du bist der Berg, ich bin das Tal
du bist die Sonne und ich bin der Schatten
du bist die Katze, ich nur die Ratten ...

Du bist die Rettung, ich bin die Plage
du bist die Antwort und ich bin die Frage
du bist die Wiese, ich bin die Wüste
du bist das Meer und ich die steinige Küste
du bis das Ganze, ich bin die Schere
du bist einfach Alles und ich bloß die Leere ...

FATA MORGANA

Was ist wirklich und was ist nur ein Traum? Wir streben Leben lang nach Anerkennung, Reichtum, Ruhm, Familie. Stets setzen wir uns neue Ziele, um weiter zu kommen, um den Menschen um uns herum zu bekunden, wie gut wir sind. Oder versuchen wir uns selbst etwas zu beweisen? Und ist es das alles überhaupt wert? Jagen wir am Ende nicht nur unsere eine »Fata Morgana«?

Ich hatte einen Traum.

Ich stand inmitten einer Wüste, um mich herum nur der unendliche Sand und über mir ein wolkenloser blauer Himmel. Die Sonne stand über mir direkt im Zenit und prallte unerbittlich auf mich herab. Ich fühlte mich müde, war völlig verschwitzt, meine geschwollene Zunge klebte am Gaumen fest, ich hatte völlig trockenen Mund, konnte meine Lippen nur schwer voneinander trennen und wurde zudem von ungeheuerlichem Durst geplagt. Ich hatte aber nichts zum Trinken und wusste gar nicht wohin des Weges.

Einige Male drehte ich mich verzweifelt im Kreise herum, fand jedoch nicht einmal meine eigenen Fußabdrücke in dem brennenden Sand, die mich zu dieser schicksalhaften Stelle geführt hatten.

Ich stand inmitten von Nichts!

Es war glühend heiß und ich schwitze unweigerlich weiter. Die Sehnsucht nach einem Tropfen Wasser wurde fast unerträglich. Nach einer kurzen Überlegung kletterte ich schließlich auf eine naheliegende Sanddüne und schaute mich hoffnungslos um.

Nichts.

Keine einzige Spur von etwas anderem als Sand und Wüste, Wüste und Sand, die sich in die unendliche Weite hinausstreckten. Dieser Anblick ließ mich verzweifeln und ich war in dem Augenblick völlig ratlos.

Doch dann entdeckte ich am entfernen Horizont einen blassen Schatten und begab mich schließlich in dieser Richtung. Ich wusste nicht, wie lange ich unterwegs war, mehrere Stunden waren jedoch zweifellos vergangen. Ich schwitzte und schwitze, mein Körper verlor weiter an Wasser und trocknete unweigerlich mehr und mehr aus. Langsam gesellte sich noch der Sonnenbrand dazu. Meine Augen waren vom Schweiß, der die ganze Zeit meine Stirn herunterlief, verklebt und von den stechenden Sonnenstrahlen, die der tödliche Sand die ganze Zeit reflektierte, wurde ich fast blind. Ich konnte meine Umgebung nur noch verschwommen wahrnehmen.

Es schien aber, dass ich mich meinem Ziel langsam näherte. Als ich die nächste Düne empor geklettert hatte, erblickte ich plötzlich in der weiten Ferne eine Oase mit Palmen, saftigem grünen Gras und Wasser. Ich konnte sogar die feuchte Luft um den kleinen Teich herum, mitten in einem Paradies, eindeutig erspähen.

Die Hoffnung, meinem Ziel endlich so nah zu sein, gab mir zusätzliche Kraft. Ich mobilisierte meine allerletzten Reserven und eilte weiter, eine Sanddüne nach der anderen. Doch diese Oase schien irgendwie nicht näher zu kommen. Ich fiel und stand wieder auf, etliche Male, dann kroch ich nur noch auf allen Vieren. Bloß durch meinen Willen konnte ich mich weiterbewegen.

Und die Sonne stand immer noch im Zenit!

»Es müssten jedoch bereits etliche Stunden vergangen sein? Ist die Zeit gar stehen geblieben?« veräußerte ich laut meine Gedanken und Zweifel.

Verzweiflung und Angst zogen mich plötzlich in ihren Bann. Schließlich konnte ich nicht mehr weiter.

»Noch die alle letzte Düne«, sagte ich mir immer und immer wieder. Als ich dann, nach einer scheinbaren Ewigkeit, eine weitere Sandwehe hinaufkroch, schien am Ende meine Anstrengung und Ausdauer doch noch belohnt zu werden.

Ich erblickte endlich die erträumte Oase, mein Paradies, das Ziel, das ich die ganze Zeit angestrebt hatte. Vor mir lag ein kleines flaches Tal, mitten im Nichts, mit Palmen, sonderbaren Bäumen und Sträucher geschmückt, die ich in meinem Leben noch nie erblickt hatte und nur ein paar Schritte entfernt der ersehnte Teich, mit kaltem klaren Wasser, um meinen unersättlichen Durst endlich zu stillen. Ich konnte jedoch nicht mehr weiter, keinen einzigen Schritt war ich in der Lage zu bewältigen.

»Das kann es nicht sein!« hallte mir lautlos durch den Kopf. »Kurz vor meinem erhofften Ziel zu versagen?«

Mit allerletzter Kraft richtete ich mich ein wenig auf ...

In dem Moment erblickte ich eine zierliche Gestalt, die am Ufer des kleinen Teichs stand. Sie beugte sich geschmeidig, tauchte ihre Hände tief hinein, entnahm eine Handvoll Wasser, drehte sich zu mir und begab sich in meine Richtung. Sie war fast unnatürlich schön, schlank und graziös, wie eine Prinzessin aus Tausend und einer Nacht, wie ein Engel, der vom Himmel herabstieg.

»Ist sie der freundliche Empfang, meine Belohnung dafür, dass ich nicht aufgab? Ist sie die Frucht meiner Suche und meiner Anstrengung? Ein Traum der wahr wurde? Bin ich endlich am Ende meiner beschwerlichen Reise angelangt?«

Sie glitt leichtfüßig und geschmeidig über den Sandboden, wie ein Wind, eine frische Brise, lautlos und ohne jegliche Spuren im Sand zu hinterlassen. Ich hörte nur ein leises Kreischen der Sandkörner, die übereinander rieben, als sie sich mir näherte. Meine Augenlieder waren schwer wie Blei. Ich konnte sie nicht mehr offen halten und musste meine Augen kurz schließen. Als ich sie dann wieder öffnete, stand sie direkt über mir. Sie hatte prächtige lange Haare, die um ihren Kopf herum schwebten und die Sonne im puren Gold reflektierten. Sie neigte ihren Kopf leicht zur Seite und lächelte mich freundlich an. Ein Lächeln, das mich alle meine Qualen vergessen ließ.

»Die Frucht des Zieles oder nur eine Täuschung?« fragte ich mich plötzlich, um diesen Gedanken gleich wieder zu verdrängen. Ihre Augen strahlten wie zwei große blaue Diamanten, tief wie der See und klar wie der wolkenlose Himmel über mir. Ein unvergessliches Lächeln und die strahlenden Augen ...

Ich versuchte entgegenzulächeln, was mir lediglich bedingt gelungen war. Dabei platzten plötzlich meine ausgetrockneten Lippen und fingen an zu bluten, ein metallischer Geschmack, bittersüß. Sie beugte sich immer noch lächelnd vor und reichte mir ihre Hände mit dem kalten Wasser.

Eine Sache schien mir dabei dennoch ungewöhnlich. Sie hatte unterwegs keinen einzigen Tropfen verloren! Ich stemmte mich hoch, um das lebenspendende Wasser und ihre Hände zu erreichen, machte einen kleinen Schritt nach vorn und ... fiel.

Ich weiß nicht, wie lange ich besinnungslos im Sand liegen geblieben war, als ich jedoch wieder aufwachte und mich aufrichtete, um nach meinem Ziel, den Händen dieser schönen Frau zu greifen ....

Sie war nicht mehr da, weg, verschwunden, einfach in Luft aufgelöst! Ich sah mich verzweifelt um. Genauso wie die Frau, verzogen sich auch die Oase und mein ersehntes Paradies, das Ziel meiner langen Reise.

Ich kniete auf dem heißen Sand, wieder inmitten der unendlichen Wüste. Die Sonne stand immer noch im Zenit, schien weiterhin unerbittlich auf mich herab und ich konnte keinen Schritt mehr weiter und um mich herum befand sich nur der verdammte Sand.

Ich seufzte schwer und ein verbittertes Lächeln bildete sich an meinen zerplatzten Lippen. Dann schaute ich hoch, streckte meine Arme weit auseinander und lachte laut und verdrossen in den Himmel empor. Aus meiner Kehle kamen jedoch nur noch kreischende erstickende Geräusche heraus. Ich stürzte mit dem Gesicht, völlig erschöpft, in den Sand. Er brannte in den Augen, fühlte meinen Mund, meine Nase und meine Lunge. Ich musste husten und rang verzweifelt nach Luft. Vergeblich.

Bevor ich das Bewusstsein verlor und in die ewige Vergessenheit eintauchte, wurde mir klar, dass ich die ganze Zeit, mein Leben lang, nur einer Fata Morgana nachjagte.

Ich begriff endlich, was mir bereits seit einer langen Zeit immer klarer wurde, doch nie wahrhaftig anerkennen wollte.

Du sollst bedacht deinen Weg wählen und nicht nach uner-reichbaren Luftschlössern greifen. Kleine Ziele, die deutlich zu sehen und zu erlangen sind, sollst du erküren und stets einen Schritt nach dem anderen vollführen. Dann kannst du viel-leicht auch das große Ziel, das du dir am Anfang erträumt hat-test, erreichen. Und wenn nicht, hattest du deine Meilensteine, deine kleinen Sandwehen, die dich stets weiterbrachten, die dein Leben lebenswert und erfreulich gestalteten, die dich erfüllten und zufriedenstellten, weil du sie erreichen konntest. Du musst auch bereit sein, aufzugeben, sich deinem ersehnten Ziel abwenden und eine andere Richtung einzuschlagen, neue Ziele hervorzuheben und zu verfolgen. Sonst bist du verloren und dein Weg bleibt lediglich eine ewige Hetzjagd nach Fata Morgana, nach einem Traum ohne Vollbringung und ohne Befriedigung. Dann bist du verdammt und am Ende feststellen wirst, dass du trotz all den Einsatz, Mühe und Aufopferung nichts erreicht hast.

Sei genügsam und geduldig, sodann dein Leben und deine Träume in Erfüllung gehen mögen!

DAS LAND DER TRÄUME

Wir sind oft der Realität überdrüssig, sie ist trostlos, ist keine
wirkliche Stürze in unserem Leben. Wir versuchen dem zu
entfliehen, tauchen in das Land der Träume unter und einige
verweilen sogar öfters in der Traumwelt als in der Wirklichkeit.
Falls es uns jedoch zufriedenstellt?

Aus einem fernen Land kamst du in uns`re Welt
da wo Groll und Hass nur ein Fremdwort ist
dort Freude und Liebe in Vordergrund man stellt
und einen Menschen nur nach seinen Taten misst

Wo ist dieses zauberhafte Land?
aus dem du hergefunden hast
zeige es mir und gib mir deine Hand
dann wegwerfen werde ich meine Last

Und begleite dich gerne in deine Welt
überdrüssig bin ich den Menschen hier
es gibt nichts was mich zurück hält
es zählen nur Geld, Glanz und Gier

Doch vielleicht gibt es dieses Land gar nicht
du bloß der Zeit voraus kamst mit dem Wind
dann ist für uns keine Rettung in Sicht
und wir in dieser Welt auf ewig verdammt sind

DIE ERLEUCHTUNG

Jeder von uns sucht und strebt etwas an, doch um wahrhaftig zu finden, musst du zuerst lernen zu verlieren, erst der Verlust macht das Gefundene zu etwas Besonderem.

Weit führte mich meine Reise
in ferne Länder und fremde Welten
und der Weg machte mich weise
doch glücklich war ich selten

Begegnet bin ich vielen Leuten
es waren jedoch bloß Schatten
nur Haufen gefräßiger Meuten
eine Schar hungriger Ratten

Doch traf ich auch Menschen an
die aus dem Schatten traten ins Licht
und mich lehrten den alltäglichen Wahn
zu vergessen und auch meine Pflicht

Sie waren das, was ich vermisste
die wahre Zuflucht in schwerer Zeit
die eine Oase in der des Lebens Wüste
und nur deshalb kam ich so weit

Bin ich am Ende meiner Reise?
Das muss jeder für sich entscheiden
das Leben ist ein Netz unendlicher Gleise
wo einige sich kreuzen und andere meiden

AUF EWIG

Wenn die große Reise dem Ende naht, das Licht des Lebens sich dem Horizont zuneigt und die eigenen Schatten uns verfolgen, blicken wir manchmal zurück. Oft war es gerade der Lebensgefährte, der an unserer Seite im Guten wie im Bösen stand und dem wir es zu verdanken haben, dass wir überhaupt so weit gekommen sind.

Lange Reise hinter uns haben wir gebracht
sie war nicht leicht und häufig voller Hürden
aus unseren Träumen sind wir längst erwacht
und oft du allein trugst die schwersten Bürden

Wir haben uns alles selbst erbaut
Hand in Hand und ohne fremde Gunst
hielten wir stand und an uns geglaubt
und oft war es eine große Kunst

Doch du hast dich nie beschwert
nie hast Vorwürfe mir gemacht
ich hoffe nur ich war es wert
die Zeit, die mit mir hast verbracht

Dafür hab meinen Dank und meine Ehrung
dass du es mit mir stets ausgehalten hast
begleichen kann ich das in keiner Währung
ich weiß wohl, ich war die schwerste Last

Ich hoffe, dass wir auf diese Weise
weiter gemeinsam gehen werden
und dass wir ganz alt und greise
bis zum Ende bleiben auf Erden

DAS ZWEITE GESICHT

Was erblicken wir, wenn wir uns umsehen? Bloß das, was gerade passiert, nur das jetzt? Wir können uns oft lebendig an Geschehnisse erinnern, die für uns von Bedeutung waren. Vor unserem inneren Auge entstehen Bilder aus der Vergangenheit, als ob wir sie gerade jetzt erneut erlebt hätten. Und was ist mit der Zukunft? Könnten wir vielleicht auf diese Weise auch die kommenden Ereignisse wahrnehmen?
Ist es überhaupt möglich? Einige von uns scheinen diese Gabe, das zweite Gesicht, innezuhaben.

Die Dämmerung setzte ein, die Schatten wurden länger und die sommerliche Hitze ließ allmählich nach. Eine verlassene Gegend, weit weg von den menschlichen Unterkünften, am Rande einer Wüste. Ein kleines Lagefeuer unter einem ausgetrockneten alten Baum war das einzige Zeichen des Lebens. Die Flammen sprangen über dem trockenen Scheitholz wild umher und warfen unwirkliche Gebilde in die nahe Umgebung. Das Knistern des Feuers stellte das einzige Geräusch dar, das die bedrückende Stille der Wüstenlandschaft unterbrach. Plötzlich erklang in der Ferne das klägliche Heulen einer Hyäne. Der Junge, der ganz nah am Feuer saß, zuckte sichtlich zusammen, drehte sich verängstig um und späte eine Weile in die Dunkelheit. Dann wickelte er sich noch enger in die schäbige Decke, die er überzogen hatte. Der alte Mann, der mit ihm das Lagerfeuer teilte, hob nur seinen Blick und lächelte ihm zu. Es herrschte weiterhin eine beklemmende Stille. Der Wind legte sich immer kurz bevor die Nacht einbrach und ihre Flügel über das Land ausbreitete.

»Als ich in der Stadt lebte, begegnete ich einem sehr alten Greis, um den ich mich dann eine Zeitlang kümmerte«, fing plötzlich der Junge an zu erzählen, um die Stille und seine Beklommenheit zu vertreiben, mehr zu sich als zu seinem Begleiter. »Ich glaube nachhinein, dass er ein Prophet gewesen sein müsste und er war sich der Tatsache sehr wohl bewusst, dass er bald sterben würde. Er wollte, dass ich bei ihm verweile, bis seine letzte Stunde schlägt.«

Der Junge legte eine kleine Pause ein, griff unter seiner Decke, holte ein gefaltetes Papier heraus, schaute es nachdenklich an und reichte es dann dem alten Mann, der gegenübersaß.

»Kurz bevor er starb, sprach er wirres Zeug«, fuhr der Junge schließlich fort. »Als ich jedoch darüber nachdachte, kam es mir vor, als ob er in die Zukunft geblickt hätte, scheinbar weit hinaus in eine ferne Zukunft. Ich habe versucht alles, was er sagte, aufzuschreiben.«

Der alte Mann nahm die Niederschrift entgegen, schlug es auf und las aufmerksam den Inhalt. Es war eine Art Gedicht, das die Zukunft der Menschheit prophezeite.

Nachdem er zu Ende gelesen hatte, faltete er es wieder zusammen und schaute nachdenklich und besorgt in die Flammen, äußerte sich jedoch gar nicht zu dem Inhalt. Schließlich reichte er es dem Jungen wieder zurück.

»Ist es war?« fragte der Junge leicht aufgeregt. »Kann es war sein?« Er setze eine Atempause ein und dann fügte er noch hinzu. »Ist es überhaupt möglich, die Zukunft vorauszusehen?«

Der alte Mann schaute weiterhin reglos ins Feuer, dann legte er noch ein paar trockene Äste hinein. Nach einer gedehnten Weile hob er schließlich seinen müden Blick und schaute den Jungen bedacht an, bevor er antwortete.

»Die Gabe der Prophezeiung wird auch das *»zweite Gesicht«* genannt«, veräußerte er schließlich mit seiner ruhigen Stimme.

»Die Fähigkeit, die zukünftigen Ereignisse zu deuten oder zu sehen, begleitet den Menschen seit Anbeginn der Zeit. Bereits bei den ältesten Kulturvölkern gab es Schamanen, die im besonderen Bewusstseinszustand die Grenzen der menschlichen Wahrnehmungsfähigkeit zu überschreiten vermochten und in der Lage waren, zukünftige Ereignisse vorauszusagen. Sie verwendeten dafür verschiedene Betäubungskräuter, hungerten und meditierten über mehrere Tage.«

Er machte eine kleine Pause, um seine Gedanken wieder zu ordnen und dann fuhr er fort. »Zu deiner Frage, ich glaube schon, dass es möglich ist, in die Zukunft zu sehen. Die Fähigkeit des zweiten Gesichts ist jedoch eng mit der Natur verbunden. Somit verliert diese Gabe mit der fortschreitenden Zivilisation immer mehr an Bedeutung. Deshalb sind wir jetzt auch hier draußen, weit weg von der Stadt. Du wolltest mit mir darüber reden. Es gibt auch in der heutigen Zeit immer noch Menschen, die bestimmte Zukunftsgeschehnisse vorauszusehen vermögen. Und so war es vermutlich auch bei dem alten Greis, dem du begegnet bist.«

Der Begleiter des Jungen verfiel in ein Schweigen und überlegte eine Weile. »Du hast mich bereits des Öfteren über besondere Begabungen ausgefragt und ich wollte es hier in der Wildnis mit dir in aller Ruhe besprechen. Es stellt sich die Frage, wie diese Fähigkeit überhaupt zu erklären ist? Gibt es diese Gabe wirklich? Ist es tatsächlich möglich, die Zukunft vorherzusagen oder sind es alles nur Zufälle, Einbildungen?

Eine Prophezeiung ist oft wage und unpräzise, so dass das zukünftige Ereignis erst nachdem es geschehen war, zu erkennen ist. Wenn es jedoch das zweite Gesicht tatsächlich gibt, wie kann diese Fähigkeit in heutiger Zeit vernünftig erklärt werden? Ich meine auf eine wissenschaftliche Basis. Und gibt es überhaupt eine vernünftige Erklärung dafür? Um die Gabe der Prophezeiung zu verstehen, ist es zuerst notwendig zu begreifen, was diese Fähigkeit überhaupt bedeutet.

Um eine Zukunft vorauszusehen, müsste man sich gedanklich in der Zeit nach vorne begeben und dann wieder in die Gegenwart zurückkehren. Um sich das vorstellen zu können, ist es wiederum notwendig, den Begriff »Zeit« zu verstehen.«

Er schaute den Jungen an. »Du hast ja Physik in der Schule gemocht, nicht wahr?«

Der Junge nickte nur, sagte jedoch kein Wort und hörte weiterhin aufmerksam und gebannt seinem Großvater zu, der leise weitersprach. »Es gibt, wie du vielleicht bereits weißt, verschiedene Definitionen der Zeit. Allgemein beschreibt die Zeit einfach eine Abfolge von Ereignissen der Reihe nach, von der Gegenwart in die Zukunft. Nach den Prinzipien der Thermodynamik spiegelt die Zeit die Zunahme der Entropie wider.

Aus einem philosophischen Gesichtspunkt dagegen beschreibt die Zeit das einfache Fortschreiten der Gegenwart von der Vergangenheit in die Zukunft. Aus der Sicht der Physik bildet wiederum, nach der Relativitätstheorie, die Zeit mit dem Raum die vierte Dimension. Das Prinzip der Zeit hängt auch eng mit dem Kausalitätsprinzip zusammen.

Das bedeutet, dass die Ursache zeitlich immer vor ihrer Wirkung auftreten muss. Die Zeit kann man somit auch als die Auswirkung eines vorausgegangenen Ereignisses auf die zukünftigen Ereignisse darstellen. Folglich kann die Vergangenheit nicht mehr geändert und von den gegenwärtigen Geschehnissen beeinflusst werden.

Die Zukunft hängt von der Vergangenheit kausal ab. Sie kann deswegen durch gezielte Handlungen in der Gegenwart verändert werden. Es gibt jedoch auch sogenannte Grenzfälle. Theoretisch kann eine Wirkung, die sich mit einer Überlichtgeschwindigkeit verbreiten und den Ursprungsort wieder erreichen würde, bereits vor der Ursache eintreffen. Somit könnte die Zukunft gezielt verändert werden. Dennoch bleibt die Vergangenheit unverändert!

Um die Fähigkeit der Prophezeiung zu verstehen, ist es notwendig zu begreifen, dass die Zeit keine unveränderbare Größe ist, sondern selbst ebenfalls nur eine Variable einer Gleichung. Die Zeit stellt die Veränderung der Umgebung dar. Ohne Zeit gäbe es keine solche Änderung, keine Zunahme der Entropie, kein Verlust oder Gewinn, nur ein unveränderbarer Zustand ohne jegliche Bewegung. Erst die Zeit haucht der Welt um uns herum das Leben ein. Veränderungen können extrem langsam verlaufen, oder außerordentlich schnell. Aber auch das ist relativ. Im Universum zum Beispiel bedeutet eine Sekunde rein gar nichts, auf der subatomaren Ebene gleicht es dagegen einer Ewigkeit.

Um die Gabe des zweiten Gesichts rational und wissenschaftlich erklären zu können, muss die Zeit von der Seite der Relativitätstheorie betrachtet werden. In der Relativitätstheorie ist die Zeit eine weitere, die vierte Dimension, eines dreidimensionalen Raumes, der Raumzeit. Um gedanklich diese Vorstellung folgen zu können, muss man sich des Vektorraums bedienen.

Mathematisch betrachtet kann sich ein Punkt in einem dreidimensionalen Raum in drei Richtungen, in einem vierdimensionalen Raum in vier verschiedenen Richtungen bewegen. Da die Raumzeit drei räumliche Dimensionen und eine Zeitdimension enthält, kann sich somit ein Punkt in dem Zeitraumkontinuum in drei räumlichen und einer zeitlichen Richtung bewegen. Beobachtet man dabei einen Punkt in der Raumzeit, ohne dabei die Zeit selbst in Betracht zu ziehen, entsteht nur ein statisches Bild.

Nur die Zeit verleiht dem Bild die erforderliche Dynamik und erlaubt dem Punkt sich in der Raumzeit zu bewegen. Genauso wie der Mensch, auch er kann sich in der Raumzeit in allen vier Richtungen bewegen. In den räumlichen Dimensionen in allen drei Richtungen nach vorn oder zurück, in der vierten Dimension, der Zeit, aber nur stets nach vorn.

Hier wird er jedoch mehr von der Zeit getragen. Genauso ist es mit den Planeten, dem Sonnensystem und den Galaxien. Sie bewegen sich in einer Richtung, die der Mensch nicht beeinflussen kann. Das bedeutet, dass auch wenn wir selbst stehen bleiben, bewegen wir uns in allen vier Richtungen der Raumzeit weiter.«

Der alte Mann hörte auf zu reden und schaute eine Weile schweigend in die Flammen. Der Junge beobachtete ihn nachdenklich. Er schien verwirrt zu sein, dann sagte er bedacht. »Ich kann zwar deine Erklärungen folgen, ich verstehe jedoch nicht, was es mit der Gabe der Zukunftsvorhersage zu tun haben sollte?«

Sein Großvater verweilte noch eine Zeitlang im Schweigen, dann schaute er zu dem Jungen hoch und sagte mit leichtem Lächeln. »Ich komme gleich dazu. Es ist dabei wichtig, dass du dir dieser Zusammenhänge bewusst bist. Und es freut mich, dass du meine Erklärungen folgen konntest.«

Er holte tief Luft, hustete ab und fuhr mit seiner Erläuterung fort.

»Du kannst dir das auf folgende Weise vorstellen. Genauso wie der Punkt in dem mehrdimensionalen Vektorraum, kann auch der Mensch sich entsprechend in verschiedene Richtungen bewegen. Aber nicht nur bewegen, er kann genauso in diese Richtungen auch blicken, so dass er weißt wohin er sich begibt, woher er kommt, was sich seitlich und auch hinten ihm befindet. So sehen wir auch, selbstverständlich mit geeigneten Hilfsmitteln, wohin sich unser Planet, das Sonnensystem und sogar unsere Galaxie bewegen. Trotzdem sind wir nicht in der Lage, die Bewegung aufzuhalten oder zu beeinflussen. Und das Gleiche gilt auch für die Zeit. Es ist einfach eine weitere Dimension, die den Gesetzen der Physik gehorcht, genauso wie die anderen drei räumlichen Dimensionen.

Um es besser zu veranschaulichen, stellt dir einfach vor, dass die Zeit nur eine der vier Dimensionen darstellt und du siehst dich in diesem vierdimensionalen Raum um. Du befindest dich auf einem Ort von dem du in alle Richtungen blicken kannst und somit auch in der Zeit, nach hinten in die Vergangenheit, nach vorne in die Zukunft. Genauso kann man sich die Gabe des zweiten Gesichts vorstellen. Einfach ein Blick in eine oder andere Richtung der vierten Dimension, der Zeit. Es gibt jedoch offensichtlich nur sehr wenige Menschen, die diese Fähigkeit besitzen. Oder anders gesagt, nicht jeder kann sie offensichtlich nutzen. Sie muss vielleicht erlernt werden.

Genauso wie wir lernen müssen, zu gehen, zu sprechen und zu verstehen. Wenn man sich auf der Oberfläche von unserem Planeten bewegt, kann man nur in zwei Richtungen gehen, nicht jedoch in die dritte Richtung. Nicht ohne geeignete Hilfsmittel kann man sich unter die Erde begeben oder in der Luft fliegen. Trotzdem ist es möglich. Frühe glaubten die meisten Menschen, dass wir nicht fliegen können und siehe heute?« vermerkte sein Großvater amüsiert.

»Und unter bestimmten Gegebenheiten, in einer dunklen Nacht oder beim starken Nebel sieht man ebenfalls in keine der bestehenden Dimensionen.«

Der alte Mann machte eine kleine Atempause und betrachtete den Jungen eine Weile eindringlich. Und der schien langsam zu verstehen.

»Und so kann man sich auch die Zukunftsvision, das zweite Gesicht, vorstellen, als ein Blick in die vierte Dimension des Raumzeitkontinuums, der Zeit. Es ist jedoch dunkel um uns herum, wir sind blind, überall ist Nebel und wir müssen erst lernen durch diesen Schleier zu sehen. Nicht jeder besitzt genügend Kraft und Ausdauer diese Gabe zu erlernen. Doch einige Wenige sind vermutlich mit dieser Gabe gesegnet. Die Meisten von uns, können es jedoch nicht. Wir sind ein Teil dieser Welt, ein winziges Quantum des Raumzeitkontinuums selbst. Wenn wir es begreifen und mit unserer Umgebung wahrhaftig verschmelzen, werden wir vielleicht nicht nur in die Zukunft sehen können, sondern auch durch die Augen unserer Mitmenschen. Dann begreifen wir endlich, wer wie sind, woher wir kommen und wo wir hingehen.«

Nach seinen letzten Worten blieb er still, warf noch ein weiteres Scheitholz ins Feuer und schaute nach oben. Der Junge folgte seinem Blick. Die Nacht war bereits vorgeschritten, der Himmel war klar und voller Sterne, unzählige kleine leuchtende Punkte, andere Welten, andere Leben. *Vielleicht sitzt gerade jemand da draußen und schaut ebenfalls in den Himmel zu den Sternen, genauso wie wir*, dachte sich der Junge verträumt. Er hatte jetzt verstanden, was ihm sein Großvater zu offenbaren versuchte. Er glaubte wenigstens zu verstehen.

Er hielt die zusammengefaltete Niederschrift immer noch in seiner verkrampften Hand. Er schlug sie jetzt wieder auf und fing erneut an zu lesen. Diesmal jedoch mit anderen Augen und dachte dabei über den Inhalt und die Worte seines Großvaters nach.

DUNKELHEIT und LICHT

Dunkelheit und Licht gehören zusammen, genauso wie das Schlechte in uns wie das Gute. Woher wollen wir wissen, was gut ist, wenn wir das Böse nicht erlebt haben? Wir brauchen Licht, wenn es dunkel wird und genauso brauchen wir die Dunkelheit, um das Licht schätzen zu wissen. Beide Teile, egal wie gegensätzlich sie auch sein mögen, machen uns ganz und wir müssen lernen mit der Dunkelheit in uns zu leben, um das Licht noch heller erstrahlen zu lassen.

Dunkelheit und Licht
eine Münze mit zwei Seiten
vertragen sich zwar nicht
doch stets ineinander gleiten

Dennoch unterschiedlicher kann's nicht sein
nichts gemeinsam haben sie, nur Gegensätze
der eine köstlich, der andere ein schlechter Wein
keine Freunde, nie tauschen sie ihre Plätze

Dunkelheit ist das Werk des Bösen
sie verbreitet Angst und Schrecken
nur das Licht kann es schließlich lösen
und uns aus diesem Alptraum wecken

Im Dunkeln oft fürchtest du dich
und die Angst in Armen dich hält
dein Verstand lässt dich im Stich
das Phantom der Nacht dich quält

Es ist die Dunkelheit und ihre Macht
die nach dir ihre langen Finger streckt
gefolgt von den Kreaturen der Nacht
und stets Angst und Bange in dir weckt

Der Dunkelheit die wahre Hürde
ist das Unbekannte, das dich quält
die Unkenntnis ist die wahre Bürde
und die echte Finsternis dieser Welt

Darum fürchte nicht das Unsichtbare
auch dunkle Seite hat ihre Schwächen
lass nur das Licht, das sich offenbare
und dem Schattenmacher den Hals brechen

Glaube an das Licht auch in der Dunkelheit
dann die finst'ren Mächte keine Kraft mehr haben
biete die Stirn und widersetzt dich dem Leid
und die Angst bleibt stets in der Tiefe begraben

DIE VISION

Wer sind wir? Wo führt unsere Reise hin? Wie weit müssen wir gehen, um zu begreifen? Wir sind am Rande der Gezeiten. Mächtig sind wir geworden, anmaßend und überheblich, so übermächtig, dass wir uns selbst zu zerstören vermögen. Ein einziger Schritt in die falsche Richtung kann den Untergang der Menschheit bedeuten. Werden wir bestehen?

Der alte Mann stand mühselig auf und begab sich langsam, mit schweren Schritten, durch die Schenke zum Ausgang. Vor der Tür blieb er jedoch stehen und drehte sich zu den Anwesenden um. Eine Weile betrachtete er die versammelten Menschen bedacht. Einige starrten ihn reglos an, andere lächelten verstört vor sich hin. Schließlich brach der Greis das Schweigen und verkündete mit ruhiger Stimme.

»Ich hatte kürzlich einen Traum.«

Er verfiel danach in eine Art Transe, sein Blick war plötzlich nach innen gekehrt und er schien die Leute um sich herum nicht mehr wahrzunehmen. Vor seinem inneren Auge spielte sich erneut die Vision ab, die ihn bereits seit einiger Zeit verfolgte.

»Ich stand auf einem Hügel, der sich über ein weites Land emporhob. Es war noch dunkel, doch die Nacht hatte ihre Macht bereits verloren, die Sterne verblassten allmählich und im Osten lichtete sich der Himmel langsam auf. Nach und nach konnte ich die Umgebung um mich herum immer deutlicher wahrnehmen. Ich erblickte unberührte Natur und Wälder wohin das Auge reichte, Hügel und Berge, tiefe Täler, reißende Flüsse, bunte Wiesen und ausgedehnte Auen. Die Sonne ging auf und erhellte mit ihren warmen Strahlen diese wunderschöne Landschaft. Der Wind legte sich und es herrschte eine seltsame alles umfassende Stille. Es dauerte jedoch nur einen kurzen Augenblick, dann erwachte die Natur um mich herum mit vollen Zügen zum eifrigen Leben. Die Vögel fingen an zu zwitschern und in der Ferne erklangen das Heulen eines Wolfes und ein verspäteter Aufschrei einer Eule.

Ich verließ den Hügel, einem fast unsichtbaren Pfad folgend, bis ich in ein schmales Tal eintauchte, eingekesselt von beiden Seiten durch dichten Wald. Bald versank ich unter den riesigen Kronen alter Bäume, die weit hinauf in den Himmel ragten. Alles war voller Leben, fröhlich und friedlich. Als ich die Senke des Tales weiter folgte, erblickte ich nach einiger Zeit unter den Bäumen einen jungen und prächtigen Wolf. Er bemerkte mich zuerst gar nicht und ich spazierte einfach weiter in seine Richtung. Schließlich witterte er mich und drehte seinen Kopf zu mir. Er beobachtete mich aufmerksam eine Weile und zog mit seiner Schnauze einige Male die Luft tief ein. Er schien verwirrt zu sein. Der Wolf konnte mich offensichtlich nicht zuordnen. Dann drehte er sich um und lief einfach mit leichten Schritten davon. Ich setzte meine Reise fort, weiter und tiefer in den unberührten Wald. Unterwegs begegnete ich noch weiteren Tieren, Hirschen, ein paar Kaninchen und sogar einem Fuchs. Keines der Tiere wich mir jedoch aus dem Weg. Sie betrachteten mich ohne jegliche Angst, nur mit Neugier, als ob sie eine solche Kreatur das erste Mal überhaupt in ihrem Leben erblickt hätten.

Nach einiger Zeit lichtete sich der Wald und ich gelang zum Ufer eines langsam wallenden Flusses. Ich begleitete ihn eine Zeitlang stromabwärts. Das Wasser im Fluss war klar und voller Fische, die mich zu begleiten schienen. Nach einer Weile erreichte erblickte ich vor mir eine Brücke, die sich über den breiten Strom erstreckte. Riesige Säulen ragten stolz aus dem Wasser hinaus und stützten diesen mächtigen Bau. Als ich jedoch n wenig näherkam, stellte ich fest, dass die Brücke bereits sehr alt sein musste. Auch wenn sie sehr solide gebaut worden war, erkannte ich, dass der Zahn der Zeit gravierende Spuren hinterlassen hatte. Trotzdem war diese uralte Konstruktion immer noch ausreichend stabil, um mich auf die andere Seite des Flusses zu tragen.

Als ich mich dem anderen Ufer näherte, erkannte ich auf der anderen Seite in einer nicht weiten Entfernung ein Bauwerk. Es schien eine Art Feste oder sogar Stadt zu sein, die auf einer kleinen Anhöhe errichtet worden war und von einer mächtigen Mauer umgeben. Ich begab mich unverzüglich in ihre Richtung. Die Mauer, die vermutlich diese ganze Stadt umfasste, war mehrere Mann hoch. In regelmäßigen Abständen standen hohe Turme, von innen an die Mauer angelegt, die offensichtlich als Beobachtungsposten dienten. Hinter der Schutzwand erkannte ich Überreste einiger Bauwerke und einen großen Turm, der weit hinaus in den Himmel ragte.

Als die Mauer näher rückte, bemerkte ich an einer Stelle eine Öffnung. Als ich sie schließlich erreichte, stellte ich fest, dass es früher ein riesiges Tor gewesen war, völlig ausgebrochen und deren Torflügel hingen zerbrochen aus den Angeln. Die Stadt war menschenleer und uralt, genauso wie die Brücke, die ich zuvor überquerte. Dem Zustand des Verfalls zu schätzen, war sie Hunderte von Jahren alt.

Und so wanderte ich über diese sonderbare wunderschöne Welt, ohne einem einzigen Menschen zu begegnen. Und überall traf ich an eindrucksvolle und aufwendige Bauten und Werke, einige aus Stein oder aus Stahl und Glas, die jedoch alle langsam zerfielen und vor langer, langer Zeit bereits verlassen worden waren.

Ich wunderte mich über diese seltsame Welt, bis ich schließlich die Tragweite dessen begriff, was mir dieser Traum offenbarte. In dieser Welt gab es keine Menschen mehr, sie sind für immer verschwunden. Das war auch der Grund, warum mich die Tiere nicht fürchteten und vor mir nicht weggerannt hatten. Sie erkannten meinen Geruch gar nicht, weil sie einem menschlichen Wesen noch nie zuvor begegnet sind!«

Der Erzähler verstummte plötzlich. Eine Zeitlang stand er noch reglos da zwischen dem Türrahmen und dann sah er die Menschen in der Schenke an, als ob er gerade aus einem Alptraum erwacht wäre. Niemand sagte ein Wort, alle waren still und in sich gekehrt. Die Betroffenheit aller im Raum war sichtlich zu spüren. Der alte Mann wandte sich wieder der Tür zu und verließ wortlos die Schenke. Draußen blieb er jedoch noch kurz stehen, drehte den Kopf halbwegs in den verrauchten Raum und sagte:

»Und so wird es dieser Welt ergehen, wenn wir uns nicht einig werden, nicht zur Vernunft kommen, wenn wir keinen gemeinsamen Weg finden! Seid gewarnt und auf der Hut! Es fehlt nicht mehr viel. Die Würfel sind bereits gefallen. Eine falsche Entscheidung und das Schicksal der Menschheit ist für immer besiegelt!«

Der Fremde kehrte den Zuhörern wieder den Rücken, zog seine Kapuze über den Kopf, tief in die Stirn und trat hinaus in die dunkle Nacht.

ALT zu WERDEN

Wir alle werden mal alt. Niemand lebt ewig, auch wenn man sich es oft wünschen würde, insbesondere wenn die Zeit knapp wird. Nichts ist jedoch für die Ewigkeit geschaffen und gerade weil wir sterblich sind, ist die Zeit für uns so kostbar. Es macht uns zu dem, was wir sind. Dennoch es ist nicht leicht, alt zu werden, auch diese Fähigkeit muss erlernt werden.

Die Zeit ist ein herzloser Gefährte
von deiner Seite weicht sie nicht
deinen Lebenskrug dauernd sie leerte
bis die Bande des Lebens mal bricht

Keinen Halt und auch keine Ruhe
räumt die Zeit für jeden von uns ein
bis zum Tag der hölzernen Truhe
die auf ewig unser Heim wird sein

Anfangs stets als ein Freund gab sie sich aus
geduldig doch fleißig die Jahre dir schrieb
dabei spielte sie mit dir nur Katz und Maus
bis nur Schmerz und Leid am Ende dir blieb

Die Last der Jahre auf der Schulter
schleppst du mit deren wachsenden Qual
nicht mehr sorglos und auch nicht munter
schwerer wurde dein Gang mit jeder Zahl

Und du sehnst dich nach ewigem Leben
in sich die Jungend für immer wahren
erneut im Rausch des Leichtsinns zu schweben
die Last der Jahre sich zu ersparen

Doch nicht die Ewigkeit ist unser Fluch
sondern die uns vorbestimmte Zeit
sie wickelt uns in ein goldenes Tuch
gleichwohl verschont sie uns gar kein Leid

Unser Weg ist womöglich vorhergesagt
in einem Buch des Schicksals geschrieben
doch nichts ist sicher und wer es nicht wagt
lebt nicht wirklich und weiß nicht zu lieben

Und wenn die Tage dem Ende sich neigen
der Herbst des Lebens den Atem stielt
kann uns der Gefährte Zeit bloß zeigen
dass man gerade so alt ist, wie man sich fühlt

So erfreue dich stets der Gegenwart
sie ist die wahre Ewigkeit in der Zeit
das ist des Daseins die richtige Art
um uns zu wahren des Alters Leid

Dann ist das Alter eigen ohne Bedeutung
die Last der Jahre keine Macht mehr hat
im Leben selbst ist es nur ein kleiner Sprung
und im Schicksalsbuch bloß das nächste Blatt

AM SCHEIDEWEG

Wo führt unser Weg hin? In welche Richtung sollen wir uns drehen, um im Leben zu bestehen? Was bringt uns überhaupt Glück und Zufriedenheit? Was tun, wenn wir eine schwere Entscheidung treffen sollen, um das Beste daraus zu machen? Und was sollen wir tun, wenn wir uns falsch entschieden haben? Das sind Fragen, die sich jeder von uns häufig stellt. Das sind unsere Scheidewege, die wir durchkreuzen müssen. Doch egal wie wir uns entscheiden, sollen wir uns mit reinem Gewissen tun. Dann bereuen wir am wenigsten.

Jeder Schritt, jeder Atemzug und jeder Gedanke, den wir vollziehen, führen zu einem Scheideweg, wo wir uns entscheiden müssen, welche Richtung einzuschlagen. Und sobald diese Entscheidung gefällt wurde, steht uns nur der eine Pfad bevor, den wir gewählt haben, ob willkürlich oder bewusst. Der Weg zurück ist für immer versperrt. Ob unser Entschluss der richtige oder der falsche gewesen ist, erkennen wir oft erst nachhinein, weil wir uns durch unsere Gefühle oder unseren Gemütszustand leiten lassen, was uns allerdings zu spät bewusst wird. Dennoch gibt es keine Möglichkeit, sich umzudrehen und zurückzukehren, um eine andere Richtung zu wählen, egal, wie tief wir auch unsere Entscheidung nachhinein vielleicht bereuen, wir müssen uns mit deren Bürde von nun an plagen, auf dem Weg, der für uns vorgesehen wurde. Oder den, den wir uns selbst ausgesucht haben? Wer vermag es zu sagen? Er wurde von Beginn an durch unsere Entschlüsse, ob richtig oder falsch, unmissverständlich und unwiderruflich geprägt. Diese Last begleitet uns so lange wir leben und der Joch auf unseren Schultern wird nicht geringer, sondern nimmt zu, bis uns schließlich die Schwere unserer eigenen Entscheidungen unter sich begräbt.

Als junger Mensch trifft man Entscheidungen sorglos und ohne viel nachzudenken, auch wenn sie womöglich falsch sein mögen. Niemand zählt am Anfang seiner Reise die Scheidewege, die zu durchkreuzen sind, die Last ist leicht zu tragen und der Weg scheint unendlich lang zu sein, egal welche Richtung man in jenem Augenblick einschlägt. Mit den Jahren häufen sich jedoch die falschen aber auch die richtigen und gut überlegten Entscheidungen, belasten uns gleichermaßen und deren Joch zieht uns nieder. Trotz allem schreiten wir weiter voran, so lange uns die Füße tragen. Und wir stolpern immer und immer wieder und immer häufiger. Der Weg, der am Anfang klar und gerade verlief, glatt wie die Seide und gleichsam so mühelos zu durchstreifen schien, wird nach und nach immer beschwerlicher. Mit Stolpersteinen übersät windet er sich im dichten Nebel unserer Unentschlossenheit und Ratlosigkeit dahin, sodass wir schließlich die Orientierung verlieren und nicht mehr wissen, welche Richtung wir eigentlich einschlagen wollten, welche überhaupt die richtige ist. Und das Ziel, das kürzlich noch so klar und deutlich vor unseren Augen lag, zum Greifen nahe, verschmilzt mit der weißen Pracht der Last, der eigenen Blindheit, der Unsicherheit und des Zweifels. Viele von uns haben das eigentliche Ziel bereits längst aus den Augen verloren, durchqueren ziellos jeden Scheideweg und wählen einfach willkürlich den einen oder den anderen Pfad, meist den, der leichter zu sein scheint, weil wir nicht mehr die Kraft innehaben, sich gegen sein eigenes Schicksal aufzulehnen, sich dem reißenden Fluss des Lebens, der uns mitreißt, zu widersetzen.

Die Bürde der falschen Entscheidungen nimmt mit dem Alter zu und weil sie nicht rückgängig gemacht werden können, lastet sie schwer auf unseren Schultern, die mit der Zeit nachgeben und uns gebückt dastehen lassen. Es waren unsere eigenen Entschlüsse, die uns entlang des Weges führten, unsere Arroganz, die Überheblichkeit der Jugend und der Überschätzung, der Egoismus des eigenen Daseins, die Selbstsüchtigkeit und Eitelkeit, unsere Bemühungen würdigen zu lassen, die Sehnsucht und das Streben nach Anerkennung. Jedweder von uns will die Früchte seiner Arbeit mit jemandem teilen, die unsere Anstrengungen und Fleiß zu schätzen wissen. Und dabei sind wir oft blind zu der Kritik, die uns entgegentritt, selbstsüchtig und taub gegenüber den Äußerungen unserer Mitmenschen. Wir verletzten, ob bewusst oder unbewusst oder vielmehr ungewollt, die geliebten und geschätzten Personen, die uns auf unserem Wege begleiten.

Einige von uns sind sogar gewillt, über die Leichen zu gehen, um das eigene Ziel zu erreichen. Und was dann? Wenn man auf dem Gipfel seines eigenen Erfolgs angelangt ist, wird man dann wahrlich glücklich? Ist man mit dem zufrieden, was man erreicht hat? War das alles überhaupt der Mühe wert?

Und in diesem Augenblick erkennen wir häufig die Wahrheit, wir blicken endlich durch den dichten Schleider des eigenen Daseins, des alles umfassenden Selbst, das uns umgibt, hindurch und werden erleuchtet. Wir begreifen und vielleicht auch bereuen, doch es ist bereits zu spät. Wir haben zu viele Scheidewege sorglos passiert, viel zu häufig falsche oder unüberlegte Richtungen eingeschlagen und können jetzt nicht mehr zurück.

Und hier stehen wir jetzt, am Scheideweg des Schicksals, am Rande des eigenen Abgrunds und Selbstzweifel. Eine allerletzte Entscheidung steht uns vielleicht bevor, die unser Leben noch in die richtige Bahn zu lenken vermag, doch wir wissen es nicht. Nur ein seltsames Gefühl der Endgültigkeit sitzt uns im Nacken, ein kalter Hauch der aus dem Nichts erscheint und uns die Haare auf dem ganzen Körper aufstehen lässt. Wir erzittern und drehen uns verängstigt um, doch es ist niemand da, der uns bedroht aber auch niemand, der uns vielleicht den richtigen Weg weisen würde. Wir sind ganz allein auf dem Scheideweg des Lebens und keiner steht uns bei, keiner der uns an die Hand nehmen und weiterführen würde. Jeder von uns muss seine Entscheidungen stets selbst treffen.

Es bleibt nur ein einziger winzig kleiner Schritt, der aller-letzte, ..., der Fuß hebt sich hoch. Wir wollen noch nicht, wir zögern und zweifeln, Angst hält uns einen Augen-blick fest im Griff, als wir dann den einen Schritt letztlich wagen, in die Richtung, die wir als richtig wahrhaben (wahrhaben wollen?).

Und dann ist es getan, unsere Füße berühren unter sich den neuen Pfad, den wir eingeschlagen haben. Die Zwei-fel und die Furcht des möglichen Versagens schwinden dahin und verharren nur einen winzigen Augenblick als eine wage Erinnerung, die jedoch schnell verblasst. War das alles nur eine Einbildung oder bloß ein Alptraum? Wir wissen es nicht und drehen uns gebannt um. Doch der Scheideweg ist entschwunden, wir sind auf dem neuen Weg der uns weiterführt, zurückkehren können wir jetzt nicht mehr. Wir verdrängen die Selbstzweifel und schreiten weiter, scheinbar selbstbewusst, über-zeugt, dass wir weise gehandelt haben, dass wir uns richtig entschieden haben.

Was bleibt uns sonst übrig?
Welche andere Wahl haben wir?
KEINE.
Wer stehen bleibt, sich verweigert, ist für immer verloren.

Karg und kahl der Pfad sich windet
der vor dir in weiter Ferne liegt
dich herführte und auf ewig bindet
und zehnfach deine Taten wiegt

Jede Entscheidung ist ein Scheideweg
wie Meilensteine entlang der Reise
über dem Abgrund nur ein schmaler Steg
ob gerade führend oder im Kreise

Hinter dir der gleiche Weg sich streckt
der nach und nach im Nebel schwindet
manche Erinnerungen in dir noch weckt
gleichwohl zurück er nie mehr findet

Es ist immer die Qual der Wahl
den wahren Entschluss zu fassen
so unermesslich an der Zahl
den Pfad zu wählen oder es lassen

Die stürmischen Wellen der Zeit
die fortwährend das Leben prägen
brachten dich des ganzen Weges weit
erwiesen dir jedoch keinen Segen

Und du schreitest beharrlich weiter
zitterst und bangest bei jeder Wahl
die Entscheidung wird nie leichter
der Ausgang verhüllt im Schicksalsschal

Doch Scheidewege sind das Salz des Lebens
tragen uns fort und lassen uns wählen
sind Fluch und Segen unseres Strebens
drum sollen wir sie nicht meiden und nicht zählen

DER BESONDERE TAG

Im Leben jedes Menschen gibt ein besonderer Tag. Es muss nicht gerade Geburtstag sein, einfach der Tag, der uns etwas bedeutet, der uns vielleicht mit Glück und Freude bescherte, oder an dem wir jemandem Besonderen begegneten.

Ein besonderer Tag
nur einmal im Jahr
der jeder gern mag
er ist ja so rar

Bloß einmal im Jahr
zu Besuch er kommt
und daher ist klar
dass Lächeln er formt

in uns'rem Gesicht
und gerne es sieht
das Kummer zerbricht
in seinen Bann uns zieht

Nur einmal pro Jahr
hoch er uns feiert
doch macht uns auch klar
dass er verschleiert

die eine Wahrheit
die er bestimmt
und auch die Freiheit
die er uns nimmt

er ist der Bringer
der Diener der Zeit
hält uns im Zwinger
und mit uns ihn teilt

um uns zu zeigen
dass älter du wirst
kannst nicht vermeiden
und auch du es spürst

Doch der Tag ist rar
lasst ihn genießen
und einmal im Jahr
ihn richtig begießen

Nur einmal im Jahr
der besondere Tag
macht die Träume wahr
weil er uns mag

DIE SINNE
DER WIEDERKEHR

Wenn das Rad der Zeit zu stehen scheint
und die Welt in Stillstand kommt
öffne deine Sinne und fühle
wie eine neue Zeit sich formt
und die alte Welt nur krächzt und weint

Es ist der Untergang und des Schicksals Schlag
um dir die ewige Leere zu offenbaren
öffne den Mund und schmecke
die vergangenen Zeiten, wie sie waren
und die alte Welt, die dir einst zu Füssen lag

Die Zeit ist um, die Sanduhr abgelaufen
die ewige Nacht ihre Flügel streckt
öffne deine Augen und sehe
wie das Ende den neuen Anfang weckt
um die Welt zu erfrischen und aufs Neue zu taufen

DER FREIE WILLE

Sind wir wirklich frei, um unseren Weg nur durch eigenen Willen zu steuern? Oder ist uns von Geburt an etwas vorbestimmt? Geprägt durch unsere eigenen Fähigkeiten und Eigenschaften, die unsere Entscheidungen mitbestimmen?

Der Weg, auf dem wir uns bewegen,
scheint oft willkürlich gewählt zu sein
und unsere Bestimmung glauben wir
durch unseren eigenen Willen zu steuern.
Doch jede Entscheidung, die wir treffen,
prägt unsere Nächste
und somit sind wir eigentlich Sklaven
unserer eigenen Entscheidungen
und Gefangene vom Schicksal,
das wir scheinbar zufällig bestimmen,
dennoch unweigerlich dorthin eilen,
was für uns vorbestimmt wurde.

Wir klammern uns an Sachen,
die wir in Besitz nehmen,
an Menschen, die wir lieben
und an Geschehnissen,
die uns mit Glück bescheren.

Doch nichts ist für die Ewigkeit.

Und so steuern wir weiter in die Ungewissheit,
auf den Wellen der Zeit dem Horizont entgegen,
in der Hoffnung den ersehnten Hafen zu erreichen
und nicht an den steilen Küsten des Lebens zu zerschellen.

Man versucht stets sich anzupassen
dem Strom unserer Welt entlang zu gleiten.
Dennoch bleibt jeder von uns der, der man ist,
mit den Gaben, Schwächen und Fähigkeiten,
die uns das Schicksal in die Wiege legte.

Daher sollten wir eigentlich nur den Weg gehen,
der für uns von Geburt an vorbestimmt ist.
Nur auf diese Weise können wir die Früchte,
die wir auf unsere Reise pflücken, auch genießen
und die Stolpersteine, mit denen der Weg übersät ist,
schadenlos und siegreich überwinden,
um schließlich das ausersehnte Ziel zu erreichen.

Nichts ist wie es zu sein scheint
und wer es wagt findet immer seinen Weg!

☆☆☆☆☆